Roadbook

Mit dem Geländewagen unterwegs - Band II

In Zusammenarbeit
mit den Unternehmen

SGS® Sicher Genußvoll sportlich und GOODYEAR

Mit Beiträgen von
Jürgen Hampel, Karin Bernhart,
Monika Kleppinger und Peter Vetterlein

Verlag: Jürgen Hampel, Tannenbergstraße 7, 86470 Thannhausen

Fotos: Silke Roßkothen, Udo Bernhart (74,76/77,78/79,80 oben,82,86)

Titelbild: Silke Roßkothen

Die Tourenvorschläge in diesem Buch sind von den Autoren und vom Verlag sorgfältig erwogen und geprüft, dennoch kann eine Garantie nicht übernommen werden. Eine Haftung der Autoren, beziehungsweise des Verlages und seiner Beauftragten für Personen-, Sach- und Vermögensschäden ist ausgeschlossen.

Satz / Litho: Günter Ott, Thannhausen
Druck: Presse Druck, Augsburg

ISBN 3-9804656-0-8 (Gesamtausgabe)
ISBN 3-9804656-1-6 (Band I)
ISBN 3-9804656-2-4 (Band II)

GZ 04168
GOODYEAR
GOODYEAR

Mickey Thompson
GOOD YEAR
4

Vorwort

Wir haben unser Wort gehalten!

Vor Ihnen liegt Band II der „Roadbook“-Reihe. Auch in den vergangenen Monaten waren wir wieder mit dem Geländewagen, dem Foto, der Schreibmaschine und dem Taschenrechner in Europa unterwegs, um schöne und interessante Strecken zu suchen.

Dabei haben wir festgestellt, daß die Luft „dünner“ wird. Zunehmend engen uns Verbotsschilder ein, organisieren sich Widerstände gegen den Geländewagenfahrer. Der sanfte Umgang mit der Natur ist „in“, Mountainbiken zum Beispiel. Daß die „Pedalritter“ aber erst mit dem Auto zu ihrem Zielgebiet gelangen, wird oft übersehen.

Zurück zur Natur - aber bitte im Auto! Denn auch Wanderer, Kanufahrer, Bergsteiger, Surfer und Segler reisen nicht tausende von Kilometern mit dem Zug, um ihrem Freizeitvergnügen nachzugehen.

Wie dem auch sei. Wir haben es geschafft und wieder zahlreiche Pisten für Sie zum Nachfahren zusammengestellt.

Dabei erheben wir auch diesmal keinen Anspruch auf Vollständigkeit und wollen auch nichts von Superlativen wissen. Im Mittelpunkt steht nach wie vor das vergnügliche Reisen mit dem Geländewagen. Vorgestellt werden Touren auf legal befahrbaren, aber oft unbekannten Pisten, die das eine Quentchen mehr Spaß vermitteln, als die Tatsache, schnellstmöglich von Punkt A nach Punkt B zu gelangen.

Neu ist beim vorliegenden Band, daß wir auf mehrere Autoren zurückgegriffen haben, um das Lesen noch abwechslungsreicher zu machen. Dabei ist jeder auf seinem Gebiet Spezialist. Monika Kleppinger leitete jahrelang die Pressearbeit des Französischen Verkehrsamtes in Frankfurt und lebt jetzt in ihrer neuen Wahlheimat Südfrankreich. Karin Bernhart, Frau eines bekannten Fotografen, lebt zusammen mit ihrer Familie in Südtirol und Peter Vetterlein, Redakteur bei der „Augsburger Allgemeinen“, ist Stammgast in Dänemark. Wir hoffen, ihre Geschichten regen Sie an, auf Tour zu gehen.

Auch für Ihre Hilfe, nämlich Anregung und Kritik, sind wir dankbar. Schreiben Sie uns! Wir bereiten schon jetzt Band III vor und freuen uns, Ihre Hinweise aufzugreifen.

Ihr Team von

vier mal vier unterwegs

GOODYEAR
GOODYEAR

Gebrauchsanleitung

Bevor Sie losfahren, haben sich die Autoren vom ordnungsgemäßen Zustand ... Nein, so geht es eben nicht! So ähnliche Aussagen kann man vor der Ziehung der Lottozahlen über den Zustand des Gerätes machen. Bezogen auf Reisen wäre dies unseriös. Wir besitzen keine hellseherischen Fähigkeiten, können weder Wetter noch Straßenzustand für einen bestimmten Tag in einer bestimmten Region vorhersagen.

Was für Band I gegolten hat, ist auch für den vorliegenden Band II gültig.

Wir haben nach bestem Wissen und Gewissen recherchiert und Mitte 1995 waren alle in diesem Buch beschriebenen Touren legal und problemlos befahrbar. Gemeingefährliche Trassenführungen haben wir weggelassen, dort, wo die Piste nur für den geübten Fahrer geeignet ist, haben wir im Text darauf hingewiesen.

Dennoch sind Reisen nie frei von Risiken, deshalb ein paar Hinweise für den Gebrauch dieses Buches:

1) Abgelegene Straßen werden nicht mit der Intensität gepflegt, wie Autobahnen oder Bundesstraßen. Man kann deshalb nie ausschließen, daß die Piste zum Beispiel nach heftigen Regenfällen vorübergehend unbefahrbar ist.
2) Auf abgelegenen Strecken gibt es keine Notrufsäulen. Deshalb sollte man einfachste Reparaturen selbst ausführen können oder besser mit zwei Wagen unterwegs sein.
3) Das Wetter kann unberechenbar sein. Besonders ungemütlich ist eine plötzliche, witterungsbedingte Straßenverschüttung hinter einem, die den Rückweg versperrt. Im Zweifelsfall lieber vorher umkehren.
4) Die in den einzelnen Roadbooks angegebenen Entfernungen wurden anhand unserer eigenen Kilometerzähler ermittelt. Technisch bedingte Abweichungen kleineren Ausmaßes sind nicht auszuschließen. Zur Erleichterung wird jeweils die Entfernung von einem Punkt zum nächsten (zweite Angabe), aber auch die Gesamtentfernung (erste Angabe) im Roadbook-Teil angegeben.
5) Wege, die nicht befahren werden dürfen oder nicht befahrbar sind, wurden von uns in der Wegbeschreibung in der Regel ignoriert, das heißt, nicht erwähnt, außer sie dienen der leichteren Orientierung.
6) Als Symbole im Roadbook bedeuten ↑ geradeaus, ← links, → rechts, ✕ Kreuzung, Y Einmündung.
7) Auch wenn Sie mal eine Abzweigung verpassen, keine Angst! Sie kommen garantiert bald wieder zu einem Ort und können sich neu orientieren.
8) Die Kartenskizzen im Buch dienen lediglich einer ersten Orientierung. Im Informationsteil finden Sie Hinweise zum vor Ort verwendeten Kartenmaterial.

Dänemark
Deutschland
Frankreich
Österreich
Ungarn
Slowenien
Italien
Spanien

INHALT

TOSCANA

Kunst und Kultur unter einer Allee von Zypressen

Die langweilige Autofahrt über die teuren italienischen Autobahnen neigt sich dem Ende - gut so! Es ist eine eintönige Angelegenheit, doch zumindest die schnellste Verbindung hinunter in die Toscana, unser Ziel für die nächsten Tage. Toscana - der Name allein zergeht auf der Zunge wie italienische Eiskrem. Was ist nicht schon alles über diesen Landstrich geschrieben worden. Die Region scheint uns schon vor der Fahrt durch diese Landschaft vertraut. Es ist der Abwechslungsreichtum, der uns fasziniert, wie schon vor über 140 Jahren den Globetrotter Theophile Gautier: "Ein azurblaues Panorama von Ebenen, Bergen, Tälern, am Horizont verstreute Städte und Landhäuser im Spiel von Licht und Schatten."

Und doch erwarten den Reisenden in der Toscana viele Überraschungen. In weiten Teilen ist die Toscana nicht die liebliche Landschaft, wie man sie von Postkarten her kennt, sondern eher eine Gegend von herbem, sprödem Charme, die über Jahrtausende geformt und kultiviert wurde. Schon im 7. und 6. Jahrhundert vor Christus führten die Griechen in Italien den Wein- und Olivenanbau ein. Diese uralten Kulturpflanzen prägen auch heute noch weite Teile der Toscana. Und als man die gesamte Gegend in etruskisch-römischer Zeit vermessen hatte, bekam

In tiefen Gewölben lagern, wie hier im Hause Moris, die guten Weine der Toscana.

die Region durch die Aufteilung und Untergliederung durch Zypressen ihr noch heute so typisches Aussehen.
Doch die Toscana präsentiert sich auch anders. Nicht weit ist es in den wilden Süden, die Maremma. Die Küstenniederungen von Livorno bis Tarquinia waren unter den Etruskern und Römern von Entwässerungsgräben durchzogen und galten als fruchtbarste Region des gesamten Gebietes. Im Mittelalter zerfielen die Gräben, die Gegend verwilderte und in den Sümpfen des Ombrone-Deltas wüteten Malaria und Wegelagerer. Heute sind die Sümpfe ausgetrocknet, und die Malaria ist ebenso verschwunden, wie die Postkartenidylle mit weißen Longhorns und stolzen Viehtreibern auf ihren Pferden. Weiter im Süden ragt der Monte Argentario, der Silberberg, steil aus dem Tyrrhenischen Meer. Immerhin 643 Meter mißt die höchste Erhebung. Rings um die Halbinsel führt eine herrliche Strecke, die "strada panoramica", ein Aussichtsbalkon auf die Refugien der Reichen und Superreichen. Sie haben ihre bescheidenen Villen auf Terrassen gestellt, zwischen denen Oliven, Eichen und Macchia wachsen. Der Kontrast zu den kleinen Städten am Wasser könnte nicht größer sein. Die Wäsche hängt zum Trocknen über den engen Gassen, am Ufer sitzen die alten Männer und leben in den Tag hinein. Es sind herbe, von der Zeit gezeichnete Gesichter mit stolzen Zügen.
Allrad-Urlaub in der Toscana. Dies ist eine Fahrt durch Wein- und Olivenhaine, meist auf staubigen, unbefestigten Pisten, manchmal auf geteerten Straßen, die so schmal sind, daß kein Radfahrer entgegenkommen darf. Es ist eine Fahrt durch die Geschichte mit Geschichten und Anekdoten. "C'era una volta" - es war einmal, so beginnt auch die Legende um den schwarzen Hahn, den "gallo nero", der heute die besseren Weinflaschen der Toscana als Aushängeschild ziert. Das schwarze Federvieh entschied nämlich der Geschichte nach im Jahre 1208 die Neuregelung der Grenzen zwischen Florenz und Siena. Beim ersten Hahnenschrei sollte aus beiden Städten ein Reiter aufbrechen und am Treffpunkt der Beiden wollte man die Grenze neu ziehen. Die schlauen Männer aus Florenz besorgten sich einen kleinen schwarzen Hahn, dem man zwei Tage vor dem entscheidenden Ritt nichts mehr zu futtern gab. Ob es der Hunger war, der den schwarzen Hahn lange vor Morgengrauen krähen ließ, ist nie bewiesen worden. Jedenfalls traf der Reiter aus Florenz erst kurz vor Siena auf seinen Gegner. Und dort verläuft auch heute noch die Grenze der beiden Provinzen. Wie dem auch sei, inzwischen haben sich rund 600 Winzer unter die Fittiche des "schwarzen Hahns" begeben.
Eine über 70 000 Hektar große Landschaft zwischen Florenz und Siena ist das Hauptanbaugebiet des berühmten Chianti. In dieser Region werden die Rebsorten des "chianti classico" angebaut. Schon im Jahre 1444 schlossen sich die Gemeinden Radda, Gaiole und Castellina zusammen, um feste Regeln für die Güte des bei ihnen erzeugten Weines aufzustellen. Und 1874 setzte der Baron Bettino Ricasoli das seit dieser Zeit geltende Mischungsverhältnis für den "gallo nero" fest: diese Weine bestehen zu 8/10 aus Sangiovese-Trauben, zu 1/10 aus rotem

Kunst auf Schritt und Tritt.

Eine kleine Bachdurchquerung bringt Abwechslung.

Canaiolo und zu 1/10 aus den weißen Sorten Trebbiano oder Malvasia. Nur Flaschen mit diesem Mischungsverhältnis dürfen den schwarzen Hahn auf dem Etikett am Flaschenhals tragen. Die Weine der Gräfin Louisella Moris gehören nicht dazu. Ihre Familie besitzt einige Weinberge unterhalb von Massa Marittima. Eine schier endlos scheinende Auffahrt, dicht gesäumt von hohen Zypressen, die das Sonnenlicht kaum bis auf den Boden dringen lassen, führt zu dem alten Gutshof, in dem der Wein und vor allem das Olivenöl hergestellt werden. Ohne Olivenöl ist die mediterrane Küche nicht denkbar. In den feinen Fattorien wie der von Louisella werden die Oliven von Hand verlesen, in der hauseigenen Mühle zu Brei gemahlen, auf Korbmatten gestrichen, immer fünf übereinander geschichtet und anschließend sanft gepreßt. Grünschimmernd sollte es sein, das kaltgepreßte Öl und mit den trüben Schlieren.

Auf Nebenwegen schleichen wir weiter, Rapsfelder, wohin das Auge blickt. Ein Abstecher nach Manciano, ein Dorf, das wie viele andere in der Toscana auch, hoch oben auf einem Hügel thront. In der Mittagshitze scheint alles Leben erloschen zu sein. In einer kleinen, verqualmten Bar trinken Arbeiter einen "espresso coretto". Es scheint nicht ihr erster des heutigen Tages zu sein. Der Espresso mit Grappa hat seine Spuren in den Gesichtern und Bewegungen hinterlassen.

Wir tauchen ein in dichte Wälder. Die Toscana ist eine der waldreichsten Regionen Italiens. Auf dem Apennin finden sich Buchen, Eichen und Tannen, das Hinterland der über 300 Kilometer langen Küste ist bedeckt mit Pinienwäldern und der Macchia, dem undurchdringlichen Gestrüpp aus Steineiche, Myrte, Ginster, Erdbeerbaum und Brombeere.

Doch Toscana ist nicht nur Wein und Öl, nicht nur Licht und Schatten. Der Name steht auch gleichbedeutend für Kunst und Kultur. Einige wenige Städte wie Florenz, Siena, Lucca oder Arezzo locken Jahr für Jahr über sieben Millionen Touristen zu Kirchen, Baudenkmälern und in Museen. Die Toscana ist die größte Kunstlandschaft Italiens und wenige Regionen haben der europäischen Kunst und Kultur so ihren Stempel aufgedrückt, wie die Toscana. Namen wie Botticelli, Leonardo, Michelangelo, Dante und Galilei stehen quasi am Wegesrand.

Jürgen Hampel

Auch Olivenöl kommt aus dem Hause Moris.

Allrad-Paradies in der Toscana

Allrad-Paradies im „Terzi“.

Es ist eigentlich unglaublich. Mitten im Herzen der Toscana heizen wir durch einen Fluß, finden steilste Auffahrten, übelste Schotterpisten, sehen Wildschweine und Pferde, hangeln uns über eine Nepalbrücke, die sich 30 Meter hoch über einen See spannt und im “Guinness-Buch der Rekorde” zu finden ist, entspannen an Angelteichen, paddeln in Kajaks über einen See und entdecken ein Indianerlager. Am Flußufer ein Off-Road-Übungsgelände wie aus dem Bilderbuch. Schwierige Schlammpassagen, nahezu unüberwindbare Böschungen, meterdicke Baumstämme mitten im Weg. Allrad-Herz, was willst du mehr? “I Terzi D‘Ombrone” heißt dieses Paradies, das wir mehr aus Zufall entdecken. Ein solides Eisentor versperrt die Zufahrt zum Gelände, das komplett eingezäunt ist. Auf unser Klingeln meldet sich eine Stimme über Sprechanlage. Eine schwenkbare Fernsehkamera verfolgt unsere Bewegungen. Wir sind angemeldet, das Tor öffnet sich.

Was dahinter liegt, kann man nicht so recht glauben. Man muß es gesehen haben. Über 600 Hektar eingezäuntes Land mit Äckern, Olivenhainen, Weinbergen und Wäldern. “I Terzi D‘Ombrone” ist der größte Privatpark der Toscana. Rund 73 Kilometer überwiegend Schotterpisten führen durch das Naturparadies mit Angelteichen und Badeseen. Im Gelände verstreut: drei restaurierte Wohngebäude, zwischen 400 Meter und vier Kilometer vom “Clubhaus” mit seinem Restaurant und dem Billiardzimmer entfernt. Mountainbikes stehen ebenso zur Verfügung wie eine Anlage zum Bogenschießen oder zum Reiten. Und - hier gibt es keinerlei Berührungsängste zu Off-Roadern. Fast jedes Jahr dient diese herrliche Anlage der “Camel-Trophy”, um nationale oder internationale Ausscheidungen durchzuführen.

Früher war das “Terzi” ein privater Club, genutzt von den Spitzen der italienischen Regierung und der privaten Wirtschaft. Dank der Abgeschiedenheit und Abgeschlossenheit der Anlage mit ihren Zäunen und dem überwachten Tor konnte man sich bequem dem “dolce far niente”, dem süßen Nichtstun, hingeben. So manche Mätresse wurde eigens mit dem Hubschrauber eingeflogen. Prunkstück des Clubhauses ist die Suite mit ihrem Marmorbad, den vergoldeten Wasserhähnen und den verspiegelten Kleiderschränken, die immerhin rund 20 laufende Meter einnehmen. Mit Nixon hat in dieser Suite immerhin auch schon ein amerikanischer Ex-Präsident übernachtet. Heute kann sich jeder in dieser herrlichen Anlage einmieten. Kleinere Gruppen finden in den abgeschiedenen, schön restaurierten Häusern der vergangenen Jahrhunderte Ruhe. Die Zimmer sind einfach, aber äußerst gepflegt, dem Urlaubsvergnügen mit dem eigenen Geländewagen steht nicht im Wege.

Jürgen Hampel

MITSUBISHI PAJERO

King-Off-Road

Seine Königsdisziplin ist der Rallye-Sport. Auf den Wüstenpisten zwischen Paris und Dakar reicht ihm so leicht keiner das Wasser. Beruhigend zu wissen, daß jeder Besitzer eines Serien-Pajero von dieser erfolgreichen Rennsporttechnik profitiert – kein Wunder, daß der legendere Pajero einer der am häufigsten ausgezeichneten Geländewagen in seiner Klasse ist.

MMC Auto Deutschland GmbH, Hessenauer Straße 2, 65468 Trebur

Abb.: 3500 V6/24V

Informationen zum Pajero Fahrsicherheitstraining erhalten Sie unter Telefon Nr. 0130/83 55 00

Roadbook I

ca. 12,3 km nördl. von Manciano, im südlichen Teil der Toscana, liegen die Thermen von Saturnia.

km	Ort	Richtung	Bemerkung
0,00	Therme Saturnia Ausfahrt	↑ SP 10, Saturnia	heiße Schwefelquellen
0,77/0,77		↑	rechts Einfahrt "Therme Saturnia" Sanatorium
2,31/1,64	✕	→ Arcidosso	
3,65/1,34	✕	← SS 323, Usi	
5,00/1,35			Brücke
6,35/1,35		↑ auf Teerstr. bleiben	
6,93/0,58	Y	←	
7,32/0,39	✕	↑	links etruskische Ausgrabungen
8,66/1,34	Y	←	
8,85/0,19		↑ Ende Teerstr.	
9,15/0,30	Y	→	
9,63/0,48	Y	→	links weißes Kreuz
11,55/1,92	✕	↑ SS 323	
12,23/0,68	✕	↑ Usi	
13,48/1,25			links Keramikladen von Roberta
13,87/0,39	Y	↑ → halten	
15,50/1,63	✕	↑	
16,47/0,97		↑	
20,13/3,66	✕	← Murci	
20,60/0,47	✕	→ Teerstr. , Vetta Amiata	Hauptstr. folgen
25,60/5,00	OA Caterina		
26,00/0,40	✕	→ Roccalbegna	Hauptstr. folgen
28,85/2,85		↑ Roccalbegna Ort	wunderschöner Ort
30,00/1,15	OE Rocccalbegna		
32,00/2,00	✕	← Enel, Pozzi Geotermici	Strada dissetata
32,45/0,45	✕	↑	
37,55/5,10	✕	scharf ←	
38,13/0,58	Y	↑ ← halten	
39,39/1,26	Y	↑	
40,73/1,34	✕	↑	
41,02/0,29	✕	→	
41,80/0,78	✕	↑	Hauptpiste folgen
43,62/1,82		↑	
45,75/2,13		←	Beginn Teerstr.
46,12/0,37	✕	← Ort le Maccia	
46,22/0,10	✕	← durch Ort	
46,90/0,68			Beginn Schotter
48,05/1,15			Hauptpiste folgen
48,30/0,25			Hauptpiste folgen
48,63/0,33		↑	rechts Haus
48,92/0,29	✕	←	

km	Ort	Richtung	Bemerkung
49,55/0,63	Y	→	
51,23/1,68	✕	↑	
51,33/010			links Picknickplatz mit Brunnen
52,38/1,05	✕	↑	
53,45/1,08	Y	←	
54,90/1,45	✕ Beginn Teerstr.	→	
55,95/1,05	✕	scharf ← L'Abbandonato	
57,30/1,35	Y	←	
60,00/2,70	Y	→	
60,38/0,38	Y	←	
60,95/0,37	Y	→	
63,55/2,60	über Hof fahren		Hauptpiste folgen
64,95/1,40	✕	←	
65,87/0,92	Y	→	
66,00/0,13	Y	↑	
66,64/0,64	Y	← auf Teerstr. bleiben	
68,85/2,21	✕	→	
70,20/1,35	✕	↑	
71,00/0,80	✕	← Montecucco	
72,90/1,90	✕	abknickender Vorfahrt folgen	
73,10/0,20		↑	
74,05/0,95	Y	→ Teerstr. folgen	
75,50/1,45	✕	← Montecucco	hier gibt es Wein und Olivenöl zu kaufen Ende!!

Die typischen Gebäude in der weiten Toscana.

Einsame Wege durch eine malerische Landschaft.

Roadbook II

Roccalbegna. Der Ort liegt ca. 15 km südl. von Arcidosso

km	Ort	Richtung	Bemerkung
0,00	OA Roccalbegna	Grosseto, Scansano SS 323	 über Brücke
2,88/2,88	OE S. Catarina	↑	
3,00/0,12		scharf →, nicht in Richtung Grosseto/Baccinello	
3,70/0,70	Y	↑	
3,85/0,15	Schotterweg	↑	
3,95/0,10	Y	↑	
4,52/0,57	✕	↑	
4,91/0,39	✕	↑	
5,25/0,34	Y	↑	
9,10/3,85	✕	↑	
9,73/0,63	Y	↑ → halten	
10,35/0,62	Y	↑ ← halten	
10,60/0,25	✕	←	
10,93/0,33	Y	↑	
13,67/2,74			Hauptpiste folgen
14,64/0,97	Teerstr.	→	
15,50/0,86	Y	→ durch Stribugliano	
16,56/1,06		↑	
17,53/0,97		Abbandonato scharf ←	Ende!!

Roadbook III

Castel del Piano. Der Ort liegt in der Nähe von Arcidosso. Punkt Null ist der Platz „Piazza Madonna“ mit der großen Kirche.

km	Ort	Richtung	Bemerkung
0,00	Castel del Piano Piazza Madonna (große Kirche)	Siena, SS 323	
0,48/0,48	✕	← Seggiano	
2,16/1,68	✕	↑	
5,50/3,34	✕	↑ Siena	
6,00/0,50	Seggiano	Siena	
7,32/1,32		auf Hauptstr. bleiben	
9,80/2,58	✕	→	Il Cacciatore (links)
10,00/0,20	Y	← hoch	
10,96/0,96	Y	→	
12,02/1,06	Y	←	
15,05/3,03			immer Hauptpiste folgen
15,59/0,54	✕ Teerstr.	→	
17,32/1,73		↑	
19,35/2,03	✕	← Campiglia d'Orcia	
21,46/2,11	✕	↑ Campiglia d'Orcia	
21,56/0,10	✕	← runter (impianti sportivi)	
21,66/0,10	Y	←	
21,76/0,10	✕	←	
21,85/0,09	✕	→	
22,05/0,20	✕	→	
22,14/0,09	Y	↑	
22,33/0,09	✕	→	
22,72/0,39	✕	→	
25,50/2,78		← Castiglione d'Orca	
25,70/0,20	✕	→	
27,19/1,49	Y	←	Hauptpiste folgen
28,30/1,11	Y	←	Hauptpiste folgen
28,83/0,53	Y	→	
30,28/1,45	✕	↑	
30,52/0,24	Y	←	
30,70/0,18		↑	
31,58/0,88			Hauptpiste folgen
32,15/0,57	Y		Hauptpiste folgen
33,02/0,87		↑	
33,60/0,58	✕	↑	
34,37/0,77	✕ Teerstr.	←	
35,43/1,06	OA Castiglione d'Orcia		Ende!!

Überall auf dem Weg liegen kleinere und größere Weingüter. Schilder weisen daraufhin. Man kann ohne weiteres vorbeifahren und den Wein oder den Grappa probieren und Flaschen direkt vom Erzeuger kaufen.

Roadbook IV

Montalcino. Der Ort liegt nördl. von Arcidosso. Montalcino ist ein Zentrum der Weinproduktion. Von hier kommt der bekannte „Brunello di Montalcino", ein hervorragender Rotwein, der allerdings nicht billig ist.

km	Ort	Richtung	Bemerkung
0,00	Montalcino Burg (Fortezza) große Kreuzung	S. Angelo di Colle/Grosseto	
2,60/2,60	X	→ Tavernelle	
3,56/0,96	X	←	
6,55/2,99	X	↑	
7,13/0,58	Tavernelle	↑	
7,42/0,29	Y	↑ → halten	
7,60/0,18	Y	←	
8,38/0,78	X	↑	
8,57/0,19	Y	← ↑	
9,25/0,68	X	↑	
9,60/0,35	X	↑	
10,40/0,80	X	→ nicht Poggio alle Mura	
11,95/1,55	OA Camigliano	scharf →	
12,33/0,38	OE Camigliano	↑	
12,52/0,19	Y	→	
14,35/1,83	Y	← Castel Giocando	
15,07/0,72	X	↑	
15,70/0,63	Y	↑ →	
16,00/0,30	X	↑	Hauptpiste folgen
16,57/0,57	Y	→	
17,19/0,62	Y	→	
17,91/0,72	Y	←	
18,68/0,77	Y	↑	
19,45/0,77	X	↑	
20,17/0,72	X	←	
20,41/0,24	Y	→	
21,09/0,68	X	↑	
21,80/0,71	X		Hauptpiste folgen
22,24/0,44	X		Hauptpiste folgen
22,53/0,29	Y	→	
24,45/1,92	X Castiglion del Bosco	→ Buonconvento	
26,53/2,08	X	↑	
27,44/0,91	X	→	
30,53/3,09	X Teerstr.	↑	
30,72/0,19	Y	←	
30,81/0,09	X	← Castelnuovo Tancredi	
32,00/0,19	Y	←	Hauptstr. folgen
33,27/1,27	Y	← Befa	Hauptpiste folgen
34,43/1,16	X	↑	

km	Ort	Richtung	Bemerkung
34,95/0,52	✖	↑	Hauptpiste folgen
36,25/1,30	Y	←	rechts alte Kirche Monte Pertuso
36,30/0,05	La Befa	↑	
36,70/0,40	Y	↑ → halten S. Giusto	
37,07/0,37			Bahnübergang/Brücke
37,17/0,10	✖	↑	Hauptpiste folgen
37,35/0,18	Y	↑ → halten	
38,22/0,87	Y	→	
38,42/0,20	über Bahnlinie	← ↑	Hauptpiste folgen
38,70/0,28			immer Hauptpiste folgen
39,14/0,44	unbewohnter Hof	↑	
40,83/1,69	✖	↑	Hauptpiste folgen
41,40/0,57	Treffen auf Teerstr.	↑ ←	
42,85/1,45	Y	→	
44,10/1,25	✖	→ Grosseto	
44,15/0,05	Montepescini	↑	Hauptstr. folgen
44,73/0,58	Y	←	Hauptpiste folgen
46,32/1,59	Brücke F. Merse	↑	
47,37/1,05	✖	↑	
48,39/1,02	✖ Teerstr.	← Therme di Petriolo	
50,00/1,61	Bagni di Petriolo	↑	
52,38/2,38	✖	↑ Paganico	
52,57/0,19	Y	← Grosseto	
52,77/0,20	Leccio	↑	
53,15/0,38	✖	↑	Hauptstr. folgen
55,00/1,85	✖	↑	
55,17/0,17	✖	↑	
55,56/0,39	Y	← Casenovole	immer Teerstr. folgen
59,22/3,66	Y Casenovole	← Schotterpiste	
59,85/0,63	Y	→	Hauptpiste folgen
62,01/2,16	Y	→	
63,45/1,44	Y	←	
64,85/1,40	Y	←	
65,05/0,20	Y	→	
66,59/1,54	Y	→	
67,70/1,11	Y	→	
68,56/0,86	✖	↑	
71,25/2,69	Y	↑	Hauptstr. folgen
74,05/2,80	✖	← Paganico	
75,00/0,95	✖	→ Paganico	bis Paganico
77,28/2,28	Paganico	Anschluß an Autostrada N 223 Siena-Grosseto	Ende!!

Roadbook V

Paganico. Die Brücke über Superstrada, beim Coop oben auf der Brücke, Richtung Roccastrada = 0,00

km	Ort	Richtung	Bemerkung
0,20/0,20	✕	←	SP 48
0,77/0,57	✕	↑	
3,95/3,18	über Bahn		
4,10/0,15	Y	← Roccastrada	Hauptstr. folgen
7,37/3,27	Y	← Roccastrada Scalo	
7,51/0,14	✕	→	
7,60/0,09	✕	← Piste	
8,38/0,78	✕	↑	Piste folgen
10,20/0,82	Y	→	
11,36/1,16			unter Bahnlinie
12,42/1,06			unter Bahnlinie
12,80/0,38	✕	↑	Hauptpiste folgen
13,09/0,29			unter Bahn
13,33/0,24	✕	↑ über Teerstr.	
13,58/0,25	Y	←	
15,80/2,22	Y	→	
17,14/1,34	✕	→ auf Teerstr.	
17,33/0,19	✕	↑	
18,49/1,16	✕	← Montemassi	
19,30/0,81	✕	↑	
21,28/1,98	✕	→	
21,57/0,29	✕	↑ Montemassi	
22,05/0,48	✕	↑ Montemassi	
23,50/1,45	✕	↑ Montemassi	
25,03/1,53	OA Montemassi		Hauptstr. folgen
31,00/5,97	✕	← Montieri	Hauptstr. folgen
38,80/7,80	✕	→ Montieri	Hauptstr. folgen
41,94/3,14	✕	↑	
42,47/0,53	✕	← Montieri	
47,69/5,22	OA Montieri		
48,83/1,14	✕	← Gerfallo (Therme)	
49,50/0,67	✕	↑ Gerfallo	
52,90/3,40	✕	→ Gerfallo	Hauptstr. folgen
54,50/1,60	✕	↑	
54,90/0,40	Y	← hoch	Piste
55,42/0,52			Hauptpiste folgen
55,61/0,19			Hauptpiste folgen
56,43/0,82	Dreier Y	→	
57,68/1,25	Y	←	
58,74/1,06	Y	→	Schild Bezirk Grosseto Ende/Anfang Bezirk Siena bis km 61,05 sehr schmal Achtung Zweige!!!
61,05/2,31	Castello Fosini		Hauptpiste folgen

Viel Arbeit auf den Weinfeldern.

km	Ort	Richtung	Bemerkung
61,63/0,58	Y	→ über Brücke	
62,01/0,38	✕	↑	
64,13/2,12	✕	↑	
65,77/1,64	✕	↑	Hauptpiste folgen
68,93/3,16	✕	← runter, nicht Solaio	
71,31/2,38	✕	→ Teerstr.	
72,61/1,30	Y	← Montecastelli	
75,64/3,03	✕	← Pomarance/Montecastelli	
75,80/0,16	Y	← Pomarance	auf Hauptstr. bleiben
79,30/3,50	✕	scharf → Rocca di Sillano	Teerstr. folgen
81,27/1,97	✕	↑ Schotter	Hauptpiste folgen
84,12/2,85	✕	←	Hauptpiste folgen
86,82/2,70	✕	←	Hauptpiste folgen
88,45-88,93			rechts geländegängiges Flußbett
90,00/1,07	Dreier Y, ✕	↑	Teerstr. folgen
92,69/2,69	✕	→ Volterra	
97,31/4,62	OA Saline di Volterra		
98,46/1,15		→	für einen Besuch von Volterra Ende!!

AUF EINEN BLICK

Geschichte

Ausgrabungen belegen, daß bereits um 1000 vor Christus die Toscana von Etruskern besiedelt war. Nach der Herrschaft der Römer, die 300 vor Christus begann, sind die Langobarden die nächsten, die über diese Region regieren. Im Jahre 568 erheben sie Tuscien zum Markgrafentum und residieren in Lucca. Rund 200 Jahre später beginnt die Blütezeit der Franken; Markgraf Hugo verlegt um 1000 den Regierungssitz nach Florenz. Danach beginnt die Stauferzeit, die bis 1266 dauert. Im 13. und 14. Jahrhundert brechen die Machtkämpfe zwischen den Anhängern der kaiserlichen und der päpstlichen Parteien aus. Im 15. und 16. Jahrhundert erreicht die kulturelle Blüte dieser Region unter der Medici-Herrschaft ihren Höhepunkt. 1737 stirbt der letzte Großherzog aus dem Hause Medici, die Toscana fällt an Österreich-Lothringen. Nur sechzig Jahre später erobert Napoleon die Toscana, doch schon 1815 fällt sie an die Lothringer zurück. Im Jahre 1860 tritt die Toscana nach einem Volksentscheid dem Königreich Italien bei. Von 1865 bis 1871 ist Florenz Hauptstadt Italiens. Nach dem Zweiten Weltkrieg wird Italien Republik, die Toscana im Jahre 1970 eine Region mit der Haupstadt Florenz und den Provinzen Arezzo, Florenz, Grosseto, Livorno, Lucca, Massa-Carrara, Pisa, Pistoia und Siena.

Landschaft

Die Toscana ist eine vielschichtige Landschaft, die aber eher herb ist. Die Region ist eine der waldreichsten Gegenden Italiens. Auf dem Apennin finden sich dichte Mischwälder, während das Hinterland der über 300 Kilometer langen Küste mit Pinienwäldern und der mediterranen Macchia, dem undurchdringlichen Gestrüpp aus Steineiche, Myrtte, Ginster, Erika, Erdbeerbaum und Brombeere bedeckt ist. Im 7. und 6. Jahrhundert vor Christus führten die Griechen in Italien den Wein- und Olivenanbau ein. Heute sind allein 195 000 Hektar der Toscana mit Oliven bepflanzt.

Zu Gast bei der Gräfin.

Kunst / Kultur

Nur eine Zahl: Allein die Kunstschätze einiger weniger Städte in der Toscana locken jährlich über sieben Millionen Touristen an. Wenige Regionen haben die europäische Kunst und Kultur in der Vergangenheit so bestimmt, wie die Toscana.

Freizeit / Sport

Angeln, Segeln, Surfen und Tauchen an den langen Küstenabschnitten, Bergsteigen, Wandern, Golfen und Reiten im Landesinnern. Dazu Tennis und Skilauf im Winter. Die Toscana kann mit einem großen Freizeitangebot aufwarten.

Offroadfahren

Beschränkt sich in der Toscana auf ungeteerte, staubige Ortsverbindungsstraßen. Daneben gibt es herrliche On-Road-Pisten, kleine und kleinste Sträßchen. Offroad-Paradies im Terzi d'Ombrone (Anschrift unter der Rubrik "Informationen").

Reisezeit

Das ganze Jahr über. Spätherbst und Winter eignen sich besonders für den Besuch der Städte und ihrer Museen. Dann ist die Region nicht so überlaufen. In den übrigen Monaten ein einzigartiger Farbenreichtum, wenn die verschiedenen Blumen blühen. Es herrscht ein mediterranes Klima mit warmen Sommern und milden Wintern. Im Hochsommer manchmal sehr schwül. Von Mai bis August hohe UV-Belastung.

Einreise

Gültiger Paß oder Personalausweis.

Anreise

Mit dem Auto über den Brenner, Verona, Modena und Bologna nach Florenz. Es muß mit rund 70 bis 80 Mark allein an Mautgebühren in Italien gerechnet werden.

Unterkunft

Von schönen und preisgünstigen Privatzimmern bis hin zu noblen Hotels ist alles vertreten, je nach Lust und Laune und Geldbeutel (einige lohnende Anschriften stehen unter der Rubrik "Informationen").

Bekleidung

Auch im Hochsommer sollte ein warmer Pullover im Gepäck sein, die Nächte werden kühl. Bequeme Schuhe sind ebenso wichtig wie Sandalen und die Badehose.

Devisen

Die italienische Lira ist häufig großen Schwankungen unterworfen. In den größeren Geschäften, Hotels und Restaurants kann man mit Kreditkarten zahlen, Auszahlungen an Bankautomaten mit der EC-Karte sind fast überall rund um die Uhr möglich.

Benzin

Die Preise für einen Liter Kraftstoff liegen rund 20 Pfennige höher als in Deutschland.

Telefon

Vorwahl 0049 nach Deutschland.

Medizinische Vorsorge

Auslandskrankenschein der eigenen Kasse besorgen.

Elektrizität

In den meisten Gegenden 220 Volt, in kleineren, abgelegenen Orten kann noch mit 110 Volt gearbeitet werden. Adapter am besten schon zuhause besorgen.

Karten / Literatur

An Literatur ist über die Toscana viel erhältlich. Als Karte leistet die Ausgabe "Toscana" von Kümmerly + Frey im Maßstab 1: 200 000 gute Dienste.

Informationen

Staatliches Italienisches Fremdenverkehrsamt ENIT, Kaiserstrasse 65, 60329 Frankfurt/Main, Telefon: 069/237430. I Terzi d'Ombrone, 58040 Poggi del Sasso, Telefon: 0039/564/990676, schöne Ferienhäuser über: Fattoria di Caminino, Via Prov. di Peruzzo, 50028 Roccatederighi, Telefon: 0039/564/569737 oder über: Imme Brekenfeld, Volpaio, 58040 Poggi del Sasso, Telefon: 0039/564/ 990473 (Frau Brekenfeld spricht deutsch). Alle Telefonnummern sind bereits mit der italienischen Vorwahlnummer angegeben.

UNGARN

Sonne und Sand, Schlamm und Schmierseife

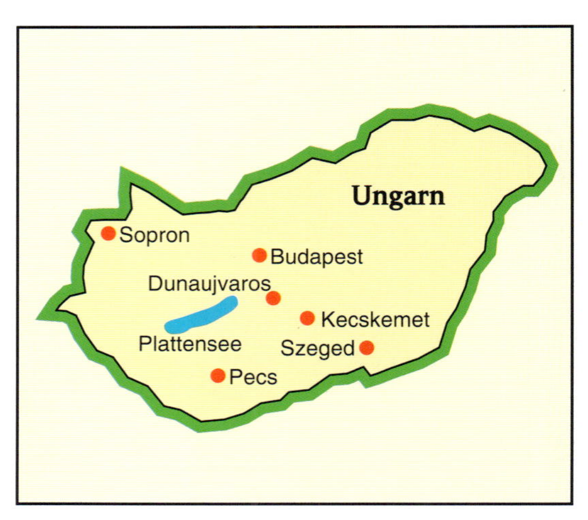

Micha jauchzt vor Vergnügen. Die Schlammpassagen haben ihren Schrecken für den Berliner Jungen verloren. Unerschrocken fährt er seinen Mercedes "G" durch tiefste Pfützen. "Fun Faktor 17 - nämlich 17 von 10 möglichen Punkten", vergibt er nach der schwierigen Durchfahrt und hat auch schnell seinen neuen Funknamen weg: "Slick Angel 1". Vor zwei Tagen stand noch das blanke Entsetzen auf der Stirn von "Schlamm-Engel 1". Da hatte er ein Loch unterschätzt und seinen Wagen "versenkt". Zentimeterhoch stand das Wasser im Innenraum - Zwangspause in der Sonne. Alles wurde ausgebaut, gesäubert, getrocknet und wieder zusammengesetzt.

Schlamm und Matsch bestimmten viele Wege in Ungarn.

Allrad-Urlaub in Ungarn. Das heißt flirrende Sonne und Staub, das heißt Regen und Schlamm, das heißt aber auch endlose Weiten, kleine Dörfer, freundliche Menschen und eine Landschaft, die in Europa ihresgleichen sucht. Ungarn als Schnittpunkt zwischen Ost und West. Wie bemerkte schon der Amerikaner Peary um die Jahrhundertwende: "Fährt man von Osten in Richtung Westeuropa, spürt man einen Hauch des Westens zum erstenmal in Budapest. Reist man jedoch von Westen nach Osteuropa, spürt man hier zum erstenmal den Hauch des Ostens." Daraus hat sich vielleicht auch jene ungarische Mentalität entwickelt, die auf einzigartige Weise Melancholie mit Lebensfreude verbindet.
Spätestens am Grenzübergang in Sopron ahnen wir, daß wir in eine fremde, ungewohnte Welt eintauchen. Es muß wohl an der Sprache liegen, an ihrem eigenartigen Klang, den man nicht so recht einordnen kann. Kein Wunder, hat das Ungarische doch keinerlei Verwandtschaft mit dem Indogermanischen, dem Slawischen oder dem Romanischen. Das Ungarische gehört zur Gruppe der finnougrischen Sprachen. Sehr entfernte Wurzeln lassen sich nur in der Sprache der Lappen und im Finnischen, sowie Estnischen entdecken. Der Mitteleuropäer kapituliert angesichts der waghalsigen Buchstabenkombinationen wie "Szekesfehervar", "Mosonmagyarovar" oder "magangyüjtemeny". Doch trotzdem haben wir nirgendwo Probleme. Mit freundlichen Gesten kommt man immer weiter und meist gibt es

Erste Ansätze von Privatwirtschaft.

auch in den kleinsten Dörfern jemanden, der ein paar Brocken Deutsch versteht.
Die größte Überraschung ereilt uns nach einigen Tagen westlich von Bataszek. In einem kleinen Dorf stehen Häuser, wie wir sie bisher noch nicht gesehen haben. Langgestreckte Gebäude, außen wie tapeziert. Als wir die Fotoapperate auspacken, werden wir in bestem Deutsch angesprochen. Wir sind mitten im Siedlungsgebiet der Donauschwaben gelandet. Die Ungarn nennen sie zumindest Schwaben, auch wenn ihre Vorfahren nicht nur aus Baden-Württemberg kamen, als die Habsburger vor rund 300 Jahren die infolge der türkischen Besetzung menschenleeren Landstriche wieder bevölkerten und zwar mit Deutschen. Heute leben in Ungarn noch knapp 250 000 Ungarndeutsche.
Der weitere Weg führt uns in die Gegend südlich von Budapest. Ein weites Land. Braun, gelb und grau. Einzelne Bäume und kleine Wälder, verschwommen am Horizont. Dazwischen zwei, drei Punkte, abgelegene Häuser. Der Kiskunsag Nationalpark lockt mit der Sandpuszta. Und tatsächlich, unter einer dünnen Grasnarbe feinster Sand, der immer wieder an die Oberfläche kommt. Verläßt man die wenigen Teerstraßen, wühlt man sich auf den Pisten sofort durch losen Sand. Was für ein herrliches Gefühl, über den weichen Untergrund zu schweben. Die Pisten erlauben hohe Geschwindigkeiten. Doch dieses Fahrvergnügen ist nur an wenigen Stellen anzutreffen. Wenige Jahrzehnte genügten, um aus dem früheren Rinderland der mittelungarischen Puszta eine intensiv genutzte Agrarlandschaft zu machen. Fährt man heute durch die Tiefebene, bestimmen riesige Wein- und Maisfelder das Bild. Die wenigen verbliebenen Pusztaflächen sind durch den Kiskunsag-Nationalpark zusammengefaßt.
Heute fahren Ronald und Frank voraus. Sie sollen uns mit Karte und Kompaß an einen See bringen. Ein schwieriges Unterfangen. Immer wieder zweigen kleine und kleinste Wege von der Hauptpiste ab. "Looser 1" findet zwar keinen See, dafür aber Pisten der Extraklasse für Geländefahrzeuge. Wir verzeihen ihnen. Spie-

lerische Annäherung an Ungarn. Wir trennen uns in zwei Gruppen. Kompaßkurs Nord, das Ziel, erneut ein See, ist etwa 30 Kilometer entfernt. "McMonty", so benannt nach seinem Monterey, führt unsere Gruppe nach der Karte im Zickzack durch weite Ebenen und dichte Wälder. Rainer in seinem Patrol wählt mit seiner Gruppe den direkten Weg. Alle paar Minuten hechtet er aus dem Wagen, nimmt den neuen Kurs und folgt nur Wegen, die nach Norden führen. Nach einigen Stunden die Überraschung. Mitten im Nichts treffen wir zufällig wieder aufeinander, den See scheint es nicht mehr zu geben, dafür sind wir quasi von hinten durchs Auge auf einem ehemaligen Übungsplatz gelandet. Zielmarkierungen, zerschossene, verrostete Panzer, die einmal als Ziele gedient haben. Wir fahren weiter in Richtung Straße, als an einem Schlagbaum Schluß ist. Der Standort wird zumindest noch unterhalten, auch wenn hier nicht mehr geübt wird. Nach einem kurzen Schwatz gibt der Hauptmann den Weg mit einem verschmitzten Lächeln, das vehement an Schweijk erinnert, frei.

Wie schnell sich doch die Landschaft ändern kann. Fast ohne Übergang bleibt die Steppe zurück und weicht Feldern, die sich über mehrere Quadratkilometer erstrecken. Schwerstes Gerät ist im Einsatz. Im Tiefflug donnert das Sprühflugzeug über die Maisfelder, die sich bis zum Horizont erstrecken. Im Zick-Zack-Kurs folgen wir den schier endlosen Feldwegen. Erste Höfe tauchen auf, Eichen und Pappeln spenden Schatten. Am Ortsrand gewaltige Kooperativen, deren Fuhrparks langsam in Rost aufgehen.

Das Fahrvergnügen ist grenzenlos. Die ungeteerten Pisten verlieren sich in der Weite der Landschaft. Immer wieder zweigen kleinere Wege ab, die Hauptpiste teilt sich in Dutzende von Spuren, die jedoch nach einer Weile immer wieder zusammentreffen. Nach einem kurzen, aber heftigen Regenguß verstehen wir, warum dies so ist. Schon zentimetertiefe Senken genügen, um aus der Piste reine Schmierseife zu machen, auf der man ohne Spezialreifen kaum mehr vorwärtskommt. Wir schlingern dahin, schon die geringste Neigung zieht uns nach unten. Kein Wunder, daß sich die Bewohner in solchen Fällen neue Wege suchen.

Tiefe Schlammlöcher

Wir sind am Plattensee, dem Urlaubsziel Nummer eins in Ungarn. Nur wenige Kilometer südlich des Balaton führt diesmal Bernd unsere kleine Gruppe an und zielsicher in jedes tiefe Schlammloch. Drei Stunden für ein paar Kilometer, nur gut, daß wir an zwei Autos Winden haben und einige Bergegurte im Kofferraum. Der "Fun-Faktor" steigt. Der Schlamm steht bis zu den Knien, eine zähe Masse, die ihre Opfer nicht mehr freigeben will. Doch mit vereinten Kräften packen wir jedes Hindernis. Inzwischen haben alle gelernt, mit ihrem Auto, der Winde und den Gurten umzugehen. Und wenn dann nach ein paar Stunden "Fun" ein kleiner Biergarten mit strahlendem Sonnenschein lockt, dann ist die Welt vollends in Ordnung. "Same procedure next year" - im nächsten Jahr wollen alle wieder zusammen auf Tour gehen. Natürlich nur in Ungarn.

Jürgen Hampel

Nationalpark Kiskunsag

Südlich von Budapest liegt der im Jahre 1975 gegründete, rund 30 000 Hektar große Nationalpark Kiskunsag, der aus insgesamt sechs, nicht zusammenhängenden Teilen besteht. Die Einzelgebiete repräsentieren die verschiedenen Lebensräume der Puszta. Die Salz- und Sandpuszta bei Bugac, Alkalisteppen bei Kunszentmiklos, Dünen bei Fülöphasza, Salzseen bei Füöpszallas, die Sumpfgebiete des Kolon-Sees bei Iszak sowie den Theiß-Altarm bei Lakitelek. Grundgedanke des Nationalparks ist es, die Pflanzen- und Vogelwelt sowie die traditionelle Landwirtschaft und Hirtenkultur zu erhalten. In den Gebieten werden auch seltene Haustierrassen nachgezüchtet. Rund 3000 Hektar sind besonders geschützt und dürfen nur mit einer speziellen Genehmigung betreten werden. Informationen bekommt man in Bugacpuszta im Südteil des Parks. Dort unterhält die Verwaltung ein kleines Museum, eine Csarda sowie einen Campingplatz. Von dem Informationszentrum aus werden auch Führungen, Rundflüge und Reitausflüge veranstaltet.

Eine Pferdestärke reicht mitunter auch aus.

Roadbook I

Autobahn Siofok - Budapest M 7

km	Ort	Richtung	Bemerkung
0,00/0,00	Ausfahrt Lepseny	← Lepseny	
2,10/2,10		→	keine Schilder, Feldweg
2,49/0,39	Y	↑	bei Sendemast
3,54/1,05	✕	→	
5,735/2,195	✕	↑	Hochspannungsleitung, darunter durch
7,835/2,100	✕	←	Teerstr.
8,94/1,105	✕	↑	Hauptweg folgen
10,09/1,15	✕	↑	Hauptweg folgen
10,57/0,48	✕	↑	Hauptweg folgen
11,47/0,90	Ortsanfang	durch Ort bei den ersten Häusern ←	
12,43/0,96	✕	→ Straßennummer 64	Nullen!! Ort Enying = 0,00
0,67/0,67	✕	↑	
1,53/0,86	über Bahn		
2,68/1,15	✕	↑	Hauptstr. folgen
3,57/0,89	✕	←	"Gesperrt"-Schild ignorieren!
6,79/3,22	✕	→	vor Fabriktor Strommasten folgen
8,75/1,96	✕	→	Strommasten folgen
9,57/0,82		↑	erste Häuser
9,75/0,18	✕	↑	Hauptstr. von rechts kommend
10,14/0,39			Hauptstr. folgen, durch Dorf, Hauptstr. folgen
11,14/1,00	OE Matuasdomys		Hauptstr. folgen
15,30/4,16	✕	→	Ödönpuszta
16,07/0,77	✕	↑	Schranke! Wärter öffnet und führt einen durch das COOP-Gelände bis zur anderen Seite, Hauptpiste folgen
18,45/2,38	✕	↑	
20,13/1,68	✕	↑	
22,00/0,87	✕	↑	
22,38/0,38	✕	↑	rechts die ersten Häuser
22,47/0,09	✕	→ ins Dorf	
22,90/0,43	Y	←	
23,10/0,20	✕	←	
23,53/0,43	✕	↑	
24,05/0,52	✕	→	
24,91/0,86	✕	→	Treffen auf Hauptstr. Nullen!!
0,38/0,38	OA Kaloz		

Wilde Camping-Plätze gibt es in Ungarn in Hülle und Fülle.

km	Ort	Richtung	Bemerkung
0,67/0,29	✕	← Adony, Saroszch	
6,60/5,93	OA Sarkeresztur		Hauptstr. folgen
7,60/1,00	✕	→ Sarbogard	Nr. 63
8,70/1,10	✕	← kurz vor OE Schild	
8,85/0,15	über Bahn		
9,18/0,33	✕	↑	
9,95/0,77	✕	→	
10,05/0,10	Dreier **Y**	←	links Schafställe
10,52/0,47	**Y**	→	
10,95/0,43	✕	→	
11,43/0,48	✕	←	Picknickplatz!
12,05/0,62	**Y**	→	
12,77/0,72	✕	←	Hauptpiste folgen
14,54/1,77	✕	←	
16,20/1,66	✕	↑	
17,00/0,80	✕	↑	
18,22/1,2	✕	→	Teerstr.
20,90/1,68	OA Saroszd		Ende!!

Roadbook II

Orgovanyi. Startpunkt ist der Ort Izsak, unterhalb der Straße 52 Solt - Kecskemet, Richtung Orgovanyi

km	Ort	Richtung	Bemerkung
0,00	OA Izsak		
2,00/2,00	✕	← Kecskemet	
9,37/7,37	OA Agasegyhaza	↑	
11,00/1,63	✕	→	ca. 150 m vor Bahn
11,53/0,53		↑	Ende Teerstr., Hauptpiste folgen
12,50/0,97		↑	Hauptpiste folgen
12,91/0,41		↑	
15,05/2,14	✕	↑	
16,74/1,69	Y	→	
16,88/0,14	Y	←	
17,12/0,24	Dreier Y	↑ Mitte, auf Damm	Brücke Hauptpiste folgen
18,17/1,05			links Gehöft
18,36/0,19	Y	→	Hauptpiste folgen
20,80/2,44	Y	→	entlang Bahnlinie
23,95/3,15	Y	→	Treffen auf Teerstr.
25,44/1,49	OA Orgovanyi	↑	
25,54/0,10	✕	←	
25,68/0,14	✕	→	immer auf der linken Seite der Bahnlinie folgen
26,30/0,62	über Bahn	entlang auf der rechten Seite	
26,45/0,15	✕	↑	
26,60/0,15		→ über Bahn	
26,83/0,23	✕	←	Vorfahrtsschild
27,74/0,91	OE		
28,36/0,62	✕	← bei Bushalteschild	
29,94/1,58	✕	↑	Hauptpiste folgen
30,56/0,62	Dreier Y	↑	
30,75/0,19		↑	
31,18/0,43	✕	↑	
32,52/1,34	Y	←	entlang Weinfeld
32,80/0,28	✕	↑	
33,81/1,01	✕	→	
34,05/0,24	Y	→	
34,24/0,19	Y	→	
34,77/0,53	Dreier Y	Mitte, leicht rechts halten!	
35,60/0,83	Y	→	
35,87/0,27	Y	←	
36,01/0,14	Y	←	
36,10/0,09	Y	←	
36,40/0,30	Y	→	
36,58/0,18	Y	←	
37,31/0,73		↑	

Hinein ins Vergnügen ...

km	Ort	Richtung	Bemerkung
37,69/0,38	Y	→	
37,97/0,28	Y	→	
38,50/0,53	X	←	Hauptpiste folgen
39,05/0,55	X	↑	
39,65/0,60	X	→	Treffen auf Teerstr. Ende!!

Roadbook III

Staatsstr. 51 Budapest - Solt, Tankstelle Szalkszentmarton

km	Ort	Richtung	Bemerkung
0,00	Tankstelle	Ortsmitte Szalkszentmarton	
1,10/1,10	✕	← Szabadszallas	
1,24/0,14	Y	→	Hauptstr. folgen
2,68/1,44	über Bahn		Hauptstr. folgen
3,73/1,05	OE		
13,00/9,27	über Brücke		
13,15/0,15	✕	←	
13,20/0,05	Dreier Y	→	
13,77/0,52		entlang Strommasten	Strommasten auf der rechten Seite
14,90/1,13	✕	↑	
15,64/0,74		↑	
16,26/0,62	Treffen auf Bahnlinie	hoch, ← entlang Bahn	
17,40/1,14	Bahnübergang	→	
17,90/0,50	✕	→	
18,22/0,32	✕	←	vor Busschild Hauptpiste folgen
18,60/0,38			unter Strommasten durch Hauptpiste folgen
21,76/3,16		über Brücke, dann ↑	
22,96/1,20		↑	entlang Weinfeld (rechts)
24,25/1,29	✕	→	Waldrand, entlang Weinfeld rechts
24,87/0,62	✕	↑	Hauptpiste folgen
25,73/0,86	Y	→	
26,05/0,32	Y	←	am Weinfeld entlang
27,50/1,45	✕	←	Teerstr. Hauptstr. folgen
32,00/4,50	OA Kunadacs	durch Ort	
33,00/1,00	✕	→	= OE
35,63/2,63	✕	→	vor Bushalteschild
35,82/0,19	Y	→	ehemaliges Panzergelände
36,50/0,78	Y	←	Viel Spaß!
36,60/0,10	Y	←	
38,21/1,61	Y	←	Viel Freude! Ende!! Wieder auf dem gleichen Weg aus dem Gelände heraus.

Bitte beachten Sie, daß das Gelände zwar seit Jahren nicht mehr benutzt wird, aber dennoch in einiger Entfernung einige Soldaten stationiert sind. Sie lassen einen zwar gewähren, wollen aber nicht, daß fotografiert oder gezeltet wird. Deshalb: Nach dem „gesitteten“ Fahrvergnügen wieder raus. Danke!

Roadbook IV

Bataszek. Der Ort liegt an der Straße 56 von Budapest nach Mohacs, Fahrtrichtung Mohacs

km	Ort	Richtung	Bemerkung
0,00	Kirche	↑	markanter Bau (links)
0,40/0,40	OE Bataszek		
0,52/0,12	Y	↑	kleineTeerstr.
1,40/0,88	✕	↑	
1,91/0,51	Y	→	
2,68/0,77	unter Bahn		Hauptpiste folgen
3,20/0,52	✕	↑	Hauptpiste folgen
4,06/0,86	Y	←	Piste, rechts Wein
4,40/0,34	Y	←	schlechte Piste, bergab
5,02/0,62	Y	→	
6,50/1,48			rechts Kapelle
7,32/0,82	✕	↑	
8,32/1,00	Y	← nach kleiner Brücke	
8,75/0,43	✕	↑	
9,18/0,43	✕	↑	
9,61/0,43	✕	vor Eisenbahn →	Teer
9,90/0,29		← über Bahn	Hauptstr. folgen
10,38/0,48		↑	Hauptstr. folgen
10,67/0,29	Y	→ über Brücke	
10,85/0,18	✕	→ Pecsvarad	
11,86/0,01	OE Palotabaszok		
12,72/0,88	über Bahn		
13,10/0,38	OA Vemend		
14,44/1,34	✕	← Pecsvarad	
14,54/0,10	Y	→ bei Kirche	
16,74/2,20	✕	↑	
17,12/0,38	✕	↑	Straße nach 200 m gesperrt. Pfeil als Markierung Hauptstr. folgen NULLEN!!
2,48/2,48	✕	→ Feked	Donauschwaben
4,11/1,63	Y	←	
4,35/0,24	Y	←	Hohlweg
4,55/0,20		↑	
4,64/0,09	Dreier Y	←	
5,26/0,62		← zwischen Feldern	
6,02/0,76	Y	→	
7,46/1,44	✕	↑ über Brücke	Ziehbrunnen Hauptpiste folgen
8,51/1,05	✕	↑	
9,04/0,53	✕	↑	
9,57/0,53	✕	→	Treffen auf Teerstr.
10,33/0,76	✕	←	
10,47/0,14	Y	→	Hauptstr. folgen
10,71/0,24	✕	halb rechts	Kirche = Ende!!

Ein typischer Brunnen in Ungarn.

AUF EINEN BLICK

Geografie

Ungarn liegt in Mitteleuropa auf einer Fläche von etwa 93 000 Quadratkilometern und nimmt in der Rangliste der größten Länder des Kontinents den 16. Platz ein. In Ungarn leben etwas über zehn Millionen Menschen, davon drängt sich über ein Fünftel in Budapest. Die West-Ost-Ausdehnung beträgt etwa 530 Kilometer, die Nord-Süd-Ausdehnung ganze 270 Kilometer.

Geschichte

Vor über 1100 Jahren machten sich die Ungarn im Osten auf, um sich eine neue Heimat zu suchen. Unter ihrem Fürsten Arpad eroberten sie die Gebiete des heutigen Ungarn. Danach folgten schwere Zeiten: 1241 fielen die Mongolen über das Land her und 1526 wurde das ungarische Heer von den Türken vernichtend geschlagen. Eine 150 Jahre dauernde Besatzung des Landes begann. Im 17. Jahrhundert folgten die ersten Unabhängigkeitskämpfe gegen die Türken, 1699 sind die ungeliebten Besatzer mit Hilfe der Habsburger wieder vertrieben. Danach richteten sich die Ungarn gegen die Habsburger, der Kampf dauerte von 1703 bis 1711. Im Jahr 1867 kam es zum Österreich-Ungarischen Ausgleich mit der Doppelmonarchie. Im Ersten Weltkrieg stand Ungarn an der Seite von Deutschland. 1918 zerfiel die Doppelmonarchie, Ungarn wurde selbständig. Im Zweiten Weltkrieg stand Ungarn bis 1944 wieder an der Seite Deutschlands. Nach der Befreiung wurde Ungarn 1949 Volksrepublik. Der Aufstand gegen das kommunistische Regime wurde 1956 von sowjetischen Truppen niedergeschlagen. In der Zeit von 1957 bis 1989 war Ungarn eine sozialistische Volksrepublik mit einem Einparteien-System. Am 23. Oktober 1989 wurde die Republik ausgerufen, am 2. Mai 1990 fand die konstituierende Sitzung des ersten freigewählten Parlaments statt.

Landschaft

Ungarn ist ein flaches Land, über zwei Drittel seiner Fläche sind nicht höher als 200 Meter. Ganze zwei Prozent sind höher als 400 Meter, der höchste Berg mißt gerade einmal 1015 Meter. Die drei bedeutendsten Landschaften sind Transdanubien, die Große Tiefebene und Nordungarn mit seinem Mittelgebirge. Transdanubien, früher die römische Provinz Pannonien, ist eine Gegend, in der viel Ackerbau betrieben wird. In der Mitte Transdanubiens liegt der Plattensee, mit 565 Quadratkilometern der größte Binnensee Mittel- und Westeuropas.

Kunst / Kultur

In Ungarn hält man viel auf Musik, das Land ist schließlich die Heimat von Franz Liszt, Bela Bartok und Kalman. Aber auch überall auf dem Land steht die Volksmusik in hohen Ehren.

Offroadfahren

Ungarn ist eigentlich noch ein kleines Paradies für Off-Roader. Viele der kleinen Verbindungswege sind ungeteert, in der Sandpuszta fährt man man wie auf Wolken.

Reisezeit

Die mittelungarische Steppe kann das ganze Jahr über bereist werden. Das Frühjahr ist aufgrund seiner Farbenpracht die wohl günstigste Zeit, im Sommer kann es oft sehr heiß und trokken werden.

Einreise

Ein gültiger Reisepaß genügt.

Anreise

Aus Richtung Süddeutschland fährt man am besten über Wien zum Grenzübergang Sopron (zum Plattensee) oder über Nickelsdorf-Hegyeshalom und weiter über die Autobahn M1 nach Budapest.

Verständigung

Trotz der für Ausländer oft unverständlichen Sprache ist die Verständigung meist recht einfach. Fast überall findet man jemanden, der etwas Deutsch spricht.

Unterkunft

Hotels aller Kategorien und günstige Privatzimmer findet man überall vor. Freies Campen wird meist toleriert, wenn man den Platz wieder sauber verläßt.

Verpflegung

Auch für Selbstversorger ist bestens gesorgt. In den meisten Dörfern gibt es kleine Supermärkte, in den Städten viele Geschäfte westlichen Zuschnitts.

Devisen

Das ungarische Zahlungsmittel ist der Forint. Eine Mark entspricht in etwa 50 Forint. Kreditkarten werden zunehmend in Hotels, Restaurants, Geschäften und Tankstellen akzeptiert.

Benzin

Überall erhältlich, Bleifrei inzwischen fast flächendeckend. Die Preise pro Liter liegen bei etwa 90 Pfennigen für Diesel und DM 1.20 für Benzin.

Kriminalität

Auf dem flachen Land gleich Null, in den großen Städten sollte man Vorsicht - wie überall sonst auch - walten lassen.

Telefon

Die Vorwahl nach Deutschland ist 49, nach Österreich 43, in die Schweiz 41.

Medizinische Vorsorge

Erste-Hilfe-Leistungen sind für Ausländer kostenlos. Untersuchungen sowie Behandlungen müssen bezahlt werden. Man kann über Versicherungen spezielle Kranken-, Unfall- und Haftpflichtversicherungen abschließen. Medikamente sind nur in Apotheken, meist nur auf Rezept, erhältlich.

Elektrizität

220 Volt Wechselstrom.

Karten / Literatur

APA Guide "Ungarn" für DM 44.80 oder der Merian "Ungarn" zum Preis von DM 14.80. Als Karte hat sich "Ungarn" aus dem RV Verlag im Maßstab von 1:300 000 bewährt.

Informationen

Ungarisches Fremdenverkehrsamt, Berliner Straße 72, 60311 Frankfurt/Main, Telefon: 069/20929, Telefax: 069/292808.

DW 4517

GOODYEAR 4 X 4. DAS RICHTIGE

Der 4x4 Markt gestaltet sich sehr differenziert. Die unterschiedlichen Anforderungen an die Fahreigenschaften erfordern eine entsprechende Auswahl an Produkten.

Diesem Umstand trägt die GOODYEAR mit einer umfangreichen Produktpalette Rechnung. Für jeden Einsatz werden spezielle Reifen angeboten.

Die Abbildung der verschiedenen Einsatzbereiche sowie die zugeordneten Reifenprofile erlauben eine schnelle Auswahl des passenden Reifens für die jeweiligen, speziellen Anforderungen.

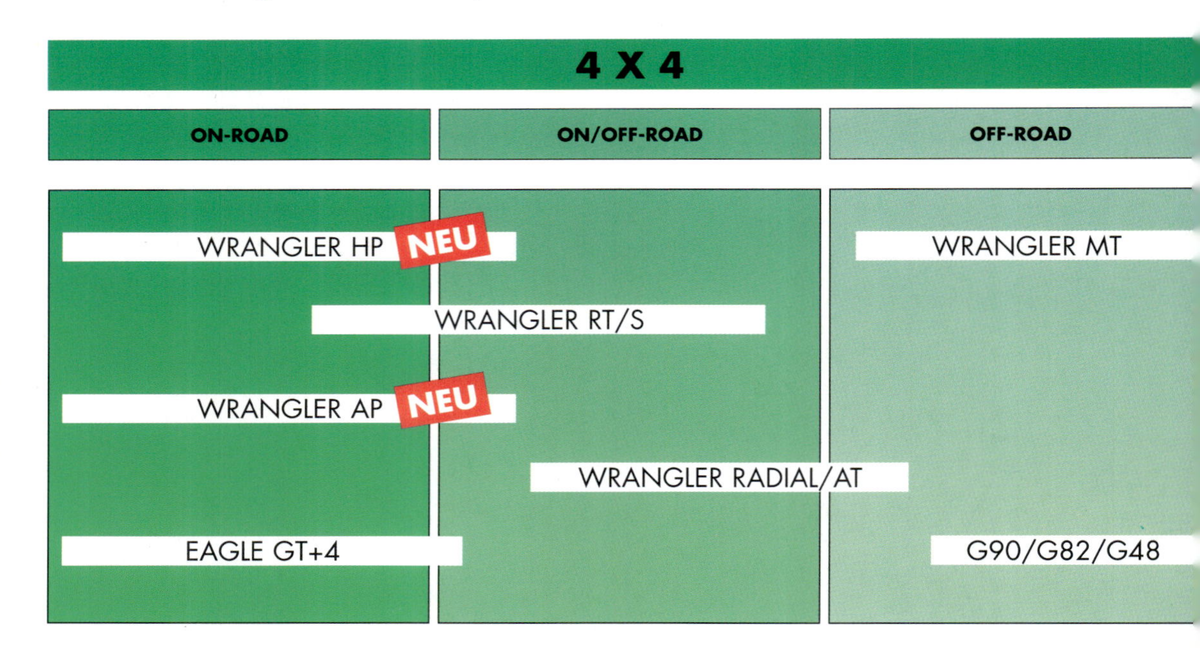

WRANGLER HP

Der neue 4x4 High Performance Reifen, zulässig bis 210 km/h. Dieser Ganzjahresreifen kombiniert hervorragende Straßeneigenschaften mit guter Griffigkeit im Gelände.

WRANGLER AP

Dieser Reifen wurde für den überwiegenden Straßeneinsatz entwickelt. Das Rippenprofil sorgt für hervorragenden Fahrkomfort. Auch dieser Reifen ist ganzjahrestauglich, und wird von führenden Fahrzeugherstellern in der Erstausrüstung verbaut.

OFIL FÜR JEDEN EINSATZBEREICH.

EAGLE GT+4

Dieser ganzjahrestaugliche Reifen ist für den Straßeneinsatz konzipiert, wobei aber auch eine eingeschränkte Geländegängigkeit erzielt wird. In Abhängigkeit zur Dimension ist dieses Produkt mit weißer Seitenwandbeschriftung erhältlich.

WRANGLER RT/S

Ein Reifen sowohl für die Straße als auch für das Gelände. Die Mischung aus Rippen- u. Blockprofil gewährleistet hervorragende Traktion bei Geländeeinsatz und hohen Komfort bei Straßenfahrt, und dies während des ganzen Jahres. Je nach Reifendimension erhältlich mit weißer Seitenwandbeschriftung.

WRANGLER RADIAL

Der Reifen für den Mischeinsatz. Das Blockprofil gewährleistet beste Traktion im Gelände und gleichzeitig sehr gute Fahreigenschaften bei Straßenfahrt. Auch dieser Reifentyp eignet sich für den Ganzjahreseinsatz. In den meisten Dimensionen mit weißer Seitenwandbeschriftung erhältlich.

WRANGLER AT

Ein Reifen sowohl für Geländeeinsatz als auch Straßenfahrt. Das ausgereifte Blockprofil sorgt für besten Griff im Gelände und ein ausgewogenes Fahrverhalten bei Straßenfahrt. Auch dieser Reifen ist M + S markiert, und damit ganzjahrestauglich. In den meisten Größen mit weißer Seitenwandbeschriftung erhältlich.

WRANGLER MT

Ein laufrichtungsgebundener Off-Road Reifen mit exzellenten Eigenschaften. Ebenfalls ganzjahrestauglich.

G90/G82/G48

Spezielle Reifen für extreme Geländeeinsätze, die unter anderem auch vom Militär genutzt werden. Entwickelt wurden diese Profile für optimale Traktion auf weichem Untergrund, Matsch, Gras und Sand.

M·KH 117

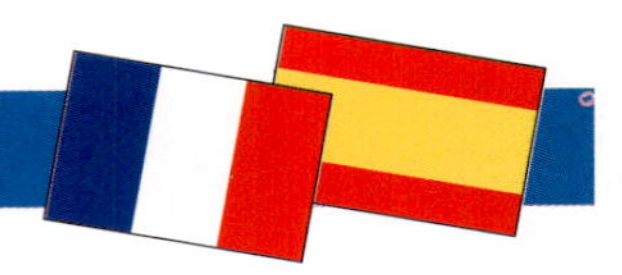

Wo die Bartgeier ihre Kreise ziehen

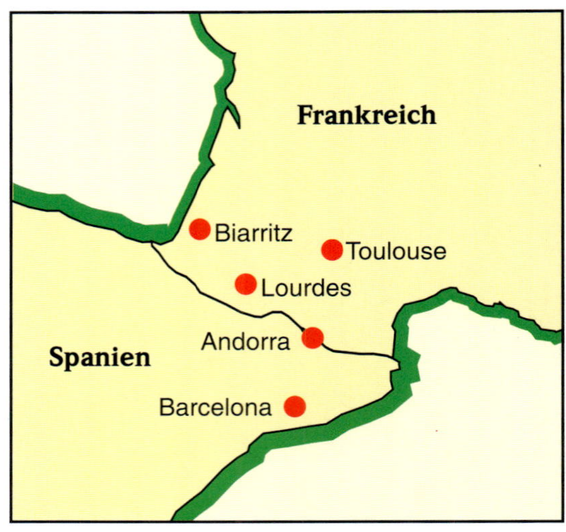

Der Höhenmesser im Auto zeigt 2200 Meter, die Temperaturanzeige steht bei mageren fünf Grad plus Außentemperatur. Ein Schild warnt vor Glatteis, ein anderes vor Schnee. Seit fünf Minuten ist uns kein anderes Auto mehr begegnet. Die Straße wird zusehends schmaler und schlechter. Welch ein Unterschied. Noch vor nicht ganz einer Stunde ein gewaltiger Stau, Verkehrspolizisten versuchten, mit Trillerpfeifen und hektischen Handbewegungen etwas Ordnung in den Ansturm der zahllosen Autos und Motorräder zu bringen. Schon gegen neun Uhr morgens wälzen sich nämlich Menschenmassen durch die Straßen einer an sich kleinen Stadt, die allerdings mit einer Besonderheit aufwarten kann: der Einkauf ist zollfrei.

Andorra heißt das Paradies unzähliger kaufwütiger Spanier und Franzosen, die in den Geschäften, die sich wie an einer Perlenschnur aufreihen, auf ein Schnäppchen hoffen. Rund 4000 Geschäfte wetteifern auf engstem Raum um die Gunst der Käufer. Schmuck, Brillen, Sportbekleidung, Antiquitäten, Parfüms, Elektronik und Zigaretten sind fast rund um die Uhr die Renner. Die Kaufhäuser schließen weder mittags, noch an Feiertagen, und alle Läden sind am Sonntagmorgen, einige sogar den ganzen Sonntag hindurch geöffnet. Der Kunde ist König und dementsprechend ist der Auftrieb. Wo einmal kein Einkaufsladen steht, findet man garantiert ein Lokal, eine Kneipe, ein Café. Touristenrummel ohne Grenzen.

Die Geier beim Festmahl.

In den Pyrenäen gibt es viele Schotterpisten.

Das hätte sich Kaiser Karl der Große wohl in seinen kühnsten Vorstellungen nicht träumen lassen. Der Überlieferung zufolge hat er nämlich Andorra gegründet, und zwar als Dank dafür, daß die Bewohner der abgelegenen Täler sein Heer im Kampf gegen die Araber geführt hatten. Überlieferung hin oder her, Tatsache ist, daß die andorrischen Gemeinden im neunten Jahrhundert im Dokument über die Weihung der Kathedrale von Seu d'Urgell erstmals genannt werden. Im Laufe der Jahrhunderte wechseln die Feudalherren und einige kriegerische Scharmützel werden ausgefochten, ehe Napoleon I. im Jahre 1806 auf Bitten der Andorraner bereit ist, durch kaiserliches Dekret das Fürstentum wiederherzustellen. Das allgemeine Wahlrecht für Männer wird 1933 eingeführt, ab 1970 dürfen endlich auch die Frauen wählen. Im Jahre 1990 beginnt der Prozeß der Verfassungsgebung und im Dezember 1992 einigen sich die beteiligten Parteien auf die erste Verfassung des Landes. Andorra wird ein unabhängiger sozialer und demokratischer Rechtsstaat, fest verankert auf den Säulen Geld, Tourismus und Profit. Wir haben vom Rummel die Nase voll, die Segnungen der Zivilisation nehmen wir allerdings gerne mit. Der Tank ist voll, bei 70 Pfennigen pro Liter Diesel wünscht sich so mancher Autobesitzer ein größeres Fassungsvermögen seines Tanks, ein schnurloses Telefon, etwa um die Hälfte billiger als in Deutschland, wandert ins Gepäck. Hereingekommen sind wir auf der Hauptroute, raus wollen wir auf Schleichwegen - nicht des Telefons wegen: Eine Piste ist uns auf der Karte aufgefallen. Vorbei am Coll de la Botella und über die Port de Cabus nach Spanien. Vorsichtshalber fragen wir die freundliche Dame im Verkehrsbüro noch, ob die Strecke befahrbar ist. "Unmöglich! Zu viel Schnee und Matsch! Zu gefährlich! Die Polizei auf der spanischen Seite schickt Sie zurück! Einige schwere Unfälle in der letzten Zeit!" Die Aussagen bekräftigen uns in dem Vorhaben, es dennoch zu versuchen.

Am Coll de la Botella scheint tatsächlich Endstation zu sein. Ein Schild versperrt den Weiterweg. Hier, auf 2069 Metern Höhe, ist von andorranischem Rummel nichts mehr zu spüren. Fast schon skurril mutet der Skilift an, der die zwei bis vier Brettl-Fanatiker, die sich Ende April hierherauf noch verirrt haben, in die Höhe hievt. Eine einzige Schneise ist noch weiß, Schneekanonen machen es möglich. Ringsherum grünt es, die ersten Blumen sprießen, ein Pärchen liegt in einer windgeschützten Ecke in Shorts und kurzen Hemden auf den warmen Steinen. Wir sind unschlüssig. Umkehren, weiterfahren, ebenfalls in der Sonne relaxen? Der Skilehrer, der auf Kundschaft wartet, wischt schließlich alle Überlegungen zur Seite. Das Schild steht den ganzen Winter über da, da die weitere Strecke hinauf zur Port de Cabus nicht geräumt wird. In den nächsten Tagen wird es entfernt. Wir sollen ruhig fahren.

Der gemütliche Speisesaal.

Frische Forellen und ein Calvados

In Audressein liegt eines jener typischen Gasthäuser, für die Frankreich zu Recht so berühmt ist. Nur ein paar einfache, aber saubere Zimmer, hervorragendes Essen und erstklassige Weine. Pierre Barbisan führt zusammen mit seiner Frau Eliane das Haus, das direkt an einem kleinen Fluß gelegen ist. Kein Wunder, daß unter anderem frische Forellen auf dem Speiseplan stehen. Wer sich bei der Menü-Auswahl nicht so recht entscheiden kann, sollte Pierre die Zusammenstellung überlassen. Dann kann es sein, daß er zum Dessert gleich eine ganze Auswahl seiner hervorragenden Nachspeisen serviert. Nur gut, wenn man genügend Appetit mitbringt. Zur Verdauung darf es dann schon ein 20 Jahre alter Calvados sein.
Auberge d'Audressein, Eliane et Pierre Barbisan, 09800 Castillon, Telefon: 61961180.

In weiten Kurven windet sich die Piste hinauf. An einigen schattigen Stellen ist die halbe Straßenseite noch von Altschneeresten bedeckt. Asphalt gibt es längst nicht mehr, Schotter und Schlaglöcher bestimmen den Weiterweg. Wir fahren langsam, denn die Reifen unseres Pajeros fühlen sich eher auf glattem Asphalt heimisch, denn in Rinnen und auf Steinen. Kurz vor dem Sattel, der auf 2300 Metern Höhe Andorra von Spanien trennt, eine freudige Überraschung. Ein Wagen kommt uns entgegen, der Weiterweg muß also offen sein. In der Tat, auch nach der Port de Cabus gibt es keinerlei Probleme. In der Sonne ist die Straße trocken, die Unebenheiten halten sich in Grenzen, nur im Schatten ist es unangenehm naß und rutschig. In kürzester Zeit schmiert das Profil zu, Schrittgeschwindigkeit ist angesagt. Untersetzung und Motorbremse halten den Wagen in der Spur.

Gewaltige Spannweite

Die Landschaft ist rauh, die Berge rings um uns steigen steil auf über 3000 Meter Höhe an, die Gipfel sind noch von Schnee bedeckt. Gemsen, Wildschweine, Auerhähne und Rebhühner sind hier zuhause. Nach der nächsten Kurve kommen wir, "tierisch gesehen", auf unsere Kosten. Ein Hügel ist mit Vögeln geradezu übersät. Fast 50 Tiere auf engstem Raum. Einige hüpfen aufgeregt umher, andere scheinen sich zu streiten. Der ganze Hügel ist in Bewegung. Beim Näherkommen sehen wir, daß es Geier sind, riesige Vögel mit einer Spannweite von fast drei Metern. Erschrocken fliegen sie auf, wir haben Gelegenheit, nachzusehen, was sie so in Erregung versetzt hat. Der Hügel gleicht auf einer Fläche von 50 Quadratmetern einem Schlachtfeld.
An einer Stelle liegen sauber abgenagte Knochen, einige Meter davon entfernt ragt ein halbes Skelett in die Luft. Fellreste deuten auf ein Schaf, das hier verendet sein muß. Einige Meter weiter ein zweiter Kadaver, der noch "in Arbeit ist." Überall liegen Federn der Streithähne, Beweis, daß es beim Verteilen der Nahrung nicht gerade zimperlich zugeht. Über unseren Köpfen ziehen die Geier ihre Kreise, mißtrauisch beobachten sie unsere Bewegungen. Wir wollen nicht länger stören und fahren weiter. Wie auf ein Kommando stürzen sich die Vögel wieder hinunter. "Mahlzeit."

Auf dem Weg nach Tor.

Wir folgen der Hauptpiste in der Hoffnung, daß sie nach Tor führt. So heißt nach der Karte nämlich der erste kleinere Ort auf spanischer Seite. Doch von menschlichen Spuren ist vorerst nichts zu sehen. Nur Schafe und Ziegen, die an so steilen Hängen stehen, daß sie eigentlich Steigeisen bräuchten, um nicht abzurutschen. Dann, unvermittelt, Zelte. Keine modernen Kuppelbauten irgendwelcher Wanderer, sondern Tipis, wie sie in Indianerfilmen zu sehen sind. Doch auch hier keinerlei Anzeichen menschlicher Anwesenheit. Die Anlage scheint im Sommer eine Art Kinder- und Jugendlager zu sein. Wenigstens sind im Totempfahl Wegweiser eingeritzt. Einer davon weist den Weg nach Tor. Hoffentlich keine Falle der angriffslustigen Rothäute.

Kleinere Wasserläufe wollen überwunden sein, die Schneeschmelze ist im vollen Gange. Endgelagerte Autos in allen "Verwesungszuständen" deuten darauf hin, daß sich doch hin und wieder Menschen in diese Gegend verirren. Erst Tage später sollen wir erfahren, daß auf den abgelegenen Pisten tatsächlich noch oft Schmuggler unterwegs sind. Zigaretten und Alkohol werden in großen Mengen illegal von Andorra nach Spanien transportiert. In mondlosen Nächten schleichen sich Konvois von vier bis sechs Geländewagen ohne Licht über die schmalen Pisten. Helfer dirigieren sie mit leistungsstarken Funkgeräten um eventuelle Zoll- oder Polizeikontrollen herum. Uns scheint die Sonne und von Grenzern ist weit und breit nichts zu sehen. Verfallene Hütten tauchen auf, eine kleinere Ortschaft - Tor. Trutzige Steinbauten. An den Türen riesige Sonnenblumen. Sie dienen zwar als Schmuck und Glücksbringer, in erster Linie sind die Sonnenblumen aber eine Art natürlicher Barometer. Liegt Feuchtigkeit in der Luft, ziehen sich die Blätter zusammen, bei weit geöffneten Blättern bleibt es sonnig. Wir scheinen Glück zu haben, alle Blumen sind weit geöffnet.

Weitere kleine Ortschaften, vereinzelt Tiere und Menschen. Die Straße wird breiter, die Schlucht öffnet sich. Ein klarer Wildbach sucht sich seinen Weg durch ein von gewaltigen Steinen verblocktes Bett. Bei richtigem Hochwasser ist hier einiges los. Immer wieder schmale Brücken über den Bach. Wenn es auf der einen Seite für die Straße zu eng wird, muß gewechselt werden.

Der Bach gibt den Wegverlauf vor. Endlich wieder Asphalt unter der Rädern. Das Thermometer zeigt wohlige 20 Grad Außentemperatur. Die Orte werden größer, belebter. Zeit für eine Kaffeepause. Zeit zur Reflexion. Pyrenäen: Grenzgebiet zwischen Frankreich und Spanien, im Innern Andorra. Rund 430 Kilometer lang, 100 bis 140 Kilometer breit, bis 3400 Meter hoch, steiler Nordanstieg, flacherer Südabfall, fehlende Längstäler, verkehrsfeindlich. So steht es in "Meyers Großem Handlexikon".

Was unter verkehrsfeindlich gemeint ist, erfahren wir eine Stunde später. Runter von der Hauptstraße und hinein in ein Seitental. Nach

Es qualmt und rattert, doch wir schaffen den Hang.

der Karte müßte es einen Weg hinüber nach Frankreich geben. Müßte, denn jede Karte listet die einzelnen Wege verschieden auf. Mal ist der gleiche Weg ein Fußpfad, mal eine nicht unterhaltene Fahrstraße, mal ein Fahrweg. Die meisten Pisten sind ohnehin nicht eingezeichnet. Gesperrt wird vor Ort nach Lust und Laune und das Wetter macht immer wieder einmal einen Strich durch die Rechnung. In Alos d'Isil ist diesmal Feierabend. Kurz hinter dem Dorf versperrt Schnee den Weiterweg zu einem höher gelegenen Stausee. Macht nichts, denn die Einwohner versichern, daß es wirklich keinen Fahrweg hinüber nach Frankreich gibt. Nur zu Fuß ist hier der Grenzübergang möglich. Dafür entschädigt das kleine Dorf mit seinen alten Stein- und Holzhäusern voll und ganz für entgangenes Fahrvergnügen.

Ein Streifzug öffnet verborgene Winkel. An manchen Häusern sind Jahreszahlen eingemeißelt - 1788 oder 1815. Die Vergangenheit ist hier noch lebendig, zumal die meisten Häuser auch noch bewohnt sind.

Auf normalen Straßen pirschen wir uns weiter. Es ist nicht mehr weit bis nach St. Croix-Volvestre, dem 4x4-Zentrum Frankreichs. Seit vielen Jahren betreibt Jean-Pierre Gressier in dem kleinen Ort so ziemlich alles, was mit Geländewagensport und 4x4-Freizeitvergnügen zu tun hat. 1986 organisierte er beispielsweise die nationale Endausscheidung für die Camel-Trophy, nur ein Jahr später war Mercedes-Frankreich auf dem Gelände zu Gast, um ein Fahrsicherheitstraining durchzuführen. 1988 suchte Porsche für einige Rennen in Spanien und Italien auf dem Gelände von Jean-Pierre seine Fahrer aus. Auf über 30 Hektar privatem Grund und Boden findet man alles, was das Herz eines Geländewagenfahrers höher schlagen läßt. Extrem tiefe Schlammdurchfahrten, wahnwitzig steile Auffahrten und enge, von tiefen Furchen durchsetzte Passagen. Fast zehn Kilometer an Pisten aller Schwierigkeitsgrade führen durch das Gelände, das seine natürliche Form bewahrt hat. Alte Bäume, dichte Sträucher und Blumenwiesen bestimmen das Bild, die Pisten sind nahezu unsichtbar. Auch Jean-Pierre hat die Zeichen der Zeit erkannt. Sinnloses Heizen durch die Landschaft ist passe, paßt einfach nicht mehr in unsere heutige Zeit. Gefahren wird nur auf den Pisten. Wie schnell sich die Natur bei derartiger Rücksichtnahme ihr Revier zurückerobert, sieht man an einer Strecke, auf der vor neun Jahren die Camel-Trophy trainiert hat. Die Steilauffahrt, die für schwierige Manöver mit der Seilwinde genutzt worden war, weist heute keinerlei Spuren dieser Aktivitäten mehr auf. Dichtes Gestrüpp wuchert über grünem Waldboden.

Jean-Pierre kennt die Umgebung wie seine Westentasche. Ein Ausflug mit ihm zeigt uns eine andere Seite der Pyrenäen. Die Hügel sind sanfter, die Farben intensiver. Blühende Rapsfelder tauchen die Landschaft in ein intensives Gelb, rote und grüne Farbtupfer setzen Akzente. Pastelfarben die Gebäude wie das Schloß in der Nähe von Montesqieu-Volvestre. Eine Trutzburg, umgeben von blühenden Feldern. Fast quadratisch mit hohen Mauern, Türmen und einer Sonnenuhr. Die Läden sind geschlossen, doch ist das Gebäude nicht, wie viele andere seiner Leidensgenossen, dem Verfall preisgegeben. Das ganze Schloß ist zu mieten, 12 bis 15 Personen finden in renovierten Zimmern mit Bädern, einer Küche und den entsprechenden Aufenthaltsräumen Platz. Schloßherr auf Zeit, eine romantische Urlaubsvorstellung. Das Schloß gehört einem Grafen, der noch genügend Kleingeld hat, um seine Besitzungen zu erhalten. Andere muß-

ten verkaufen. Nicht weit von diesem Urlaubsparadies zeigt uns Jean-Pierre ein weiteres altes Schloß. Doch hier ist die Romantik der modernen Tourismusplanung gewichen. Verkauft an eine holländische Gruppe, wurden zahlreiche Ferienhäuser rund um das alte Gemäuer gebaut. Das Schwimmbad darf ebensowenig fehlen wie der Tennisplatz. Zugegeben, die Häuser weisen jeglichen Komfort auf, bis hin zur Satellitenschüssel auf dem Dach und der modernen Küchenmaschine zum Mixen, Backen und Kochen. Doch dafür ist die Romantik auf der Strecke geblieben.

Wir wollen weiter, wieder tiefer hinein in die Pyrenäen. "Ihr müßt auf die spanische Seite", hatte uns Jean-Pierre zum Abschied noch geraten, "dort ist es einsamer, wilder, schöner." Er soll recht behalten. Irgend etwas ist anders. Liegt es daran, daß weniger Betrieb ist? Daran, daß die Uhren etwas langsamer zu ticken scheinen? Wie dem auch sei, etwas ändert sich nach dem drei Kilometer langen, schnurgeraden, unbeleuchteten Tunnel, der hinüber nach Spanien führt. Die erste Abzweigung nach rechts ist eine Einbahnstraße, doch die zweite ein Landschaftsgenuß erster Güte. "Desfiladero de Vellos" steht auf dem unscheinbaren Schild, dem wir eigentlich nur deshalb folgen, um möglichst nahe am Hauptkamm der Pyrenäen bleiben zu können. In engen Kurven windet sich die Straße durch einen Canyon, dessen Seitenwände immer höher in den Himmel wachsen. Ausweichen ist unmöglich. Wenn ein Auto entgegenkommt, muß einer bis zu einer kleinen Bucht zurücksetzen. Rechts unten leuchtet der Fluß, dessen Namen diese Schlucht trägt. Auf den nächsten 20 Kilometern folgen wir dem Verlauf des Vellos. Meist schimmert er grün, wechselt die Farbe aber manchmal in ein intensives Blau. Die Straße schmiegt sich immer enger an die Felsen, das massive Gestein hängt oft halb über das Dach. Eigentlich ein Wunder, daß hier eine Piste hereinführt. Fast 100 Meter ragen jetzt die Wände rechts und links von uns empor. Ein kleiner Parkplatz lockt zur Rast. Das Seitental "Valle de Anisclo" ist nur zu Fuß zu erobern. Wir wollen weiter nach Fanlo, dem letzten Ort in diesem Tal, das in anderen Ländern schon längst zu ei-

Schafe haben in den Dörfern Vorfahrt.

Jean-Pierre knattert auf seinem „Quad" durchs Gelände.

nem Nationalpark gemacht worden wäre. In zahlreichen Serpentinen steigt die Straße an. Fanlo liegt auf einer Hochebene und könnte Endstation dieses Abstechers sein. Alle Karten sind sich diesmal nämlich einig darin, daß nur ein "nicht unterhaltener" Fahrweg weiter nach Sarvise führt. Die Piste entpuppt sich als neu geteerte Straße, der Weiterweg ist ein Kinderspiel. Der Ausblick ist überwältigend. Am Horizont stehen die schneebedeckten Riesen Vignemale, Pic Chabarrou, Pic des Oulettes und Grande Fache, alle zwischen 2700 und 3300 Meter hoch.

Wieder einmal lacht die Sonne, obwohl es morgens um neun Uhr noch empfindlich kalt ist. Von Jaca aus zieht es uns weiter in Richtung Westen, dem Atlantik entgegen. In den Pyrenäen gibt es kaum Verbindungstäler, deshalb ist die Abkürzung nach Embun verlockend. Die Piste führt nach Westen, also los. Schnell gewinnen wir Höhe, auch wenn wir wegen der großen Steine und der tiefen Furchen nur langsam vorwärts kommen. Die Strecke führt auf dem Kamm entlang. Es ist gerade genügend Platz für die Piste. Rechts und links geht es tief hinunter.

Für die herrliche Aussicht auf die höchsten Berge der Pyrenäen bleibt keine Zeit. Die Piste wird immer schwieriger. Einen gewaltigen Block können wir nicht mehr um- oder überfahren. Mit reiner Muskelkraft und Hebelgesetzen wird er aus der Strecke gewuchtet. Luftlinie sind es nur rund vier Kilometer nach Embun. Der Tacho zeigt uns, daß wir schon fast sechs Kilometer gefahren sind. Hoffentlich sind wir auf der richtigen Piste. Die letzte Stelle zum problemlosen Wenden liegt schon wieder zehn Minuten hinter uns. Vorwärts heißt die Devise, zumal sich auch endlich der Blick in das nächste Tal öffnet. Eine kleine Ortschaft liegt unten an einer Teerstraße. Es wird doch nicht Embun sein?

Die Stimmung steigt, zumal unsere Piste auch langsam wieder nach unten führt. Eine Abzweigung, die ersten Häuser sind zum Greifen nahe. Vorsichtshalber sondieren wir den Weiterweg erst einmal zu Fuß. Der kurze Weg zum Haus wird auf den letzten Metern zu einem schmalen Fußpfad, keine Chance, mit dem Wagen durchzukommen. Der andere Weg führt von den Häusern weg, doch er ist die einzige Chance, wenn wir nicht zurückfahren wollen. Ein kleiner Erdrutsch zwingt zum nächsten Stop. Nochmals zu Fuß weiter. Nach 15 Minuten Wanderung ist es klar. Es gibt einen Weg aus dieser vermeintlichen Sackgasse. Zuerst über den kleinen Erdrutsch, dann relativ leicht in ein ausgetrocknetes Flußbett hinein und schwierig und steil wieder hinaus. Die Entscheidung fällt leicht. Vorsichtiges Einweisen beim Erdrutsch. Rechts geht es einen kleinen Abhang hinunter, die Neigung des

Wagens nimmt zu. Elegant hebt er das linke Hinterbein, um die Hürde letztendlich zu nehmen. Behutsam in das ausgetrocknete Flußbett hinunter. Nur nicht Aufsetzen. Ohne Probleme rollt der Wagen hinein, das Flußbett ist so schmal, daß der Pajero geradamal in seiner Länge hineinpaßt. Einen knappen Meter ist die Böschung hoch, die jetzt überwunden sein will. Untersetzung und Sperren machen es möglich. Es rappelt, qualmt und staubt, doch dann ist unser Pajero oben. Geschafft. Nach einer weiteren Minute stehen wir auf der Teerstraße, die Ortschaft ist wirklich Embun.

Der weitere Weg ist ein dauerndes Auf und Ab, mal rüber nach Frankreich, dann wieder zurück nach Spanien. Die Grenzübertritte sind problemlos. Kontrollen gibt es keine, die Schlagbäume sind verwaist. Die Namen von Orten, Bergen und Paßübergängen werden zunehmend zu Zungenbrechern. Col Burdinkurutzeta, Etxola, Arnosteguy, Imbuluzqueta. Wir sind im Land der Basken. Dieser Volksstamm lebt im westlichen Teil der Pyrenäen, die Sprache ist nach Erkenntnissen der Wissenschaftler keiner Sprachfamilie zuzuordnen. Mystisch wie die Namen und Gebräuche in diesem Teil Europas ist auch die Landschaft, vor allem, wenn der Nebel über die Hochflächen zieht. Fast wie in Irland wirken die grünen Wiesen mit ihren Schaf- und Ziegenherden, wenn da nicht die Steilabbrüche wären. Relativ sanft steigen die Berge auf der einen Seite mit ihren grünen Wiesen an, um abrupt in schwarzem Gestein abzubrechen. Vor allem unterhalb von Esterencubi glaubt man sich in eine andere Welt und eine andere Zeit zurückversetzt. Es wäre kein Wunder, wenn plötzlich Elfen, Hexen oder Kobolde aus dem unwirklichen Licht auftauchen würden, einem Licht, das entsteht, wenn die Sonne im Nebel gefangen ist.

Stundenlang begegnen wir keinem anderen Fahrzeug, der Nebel dämpft die Geräusche. Wir sind froh, als wir wieder auf eine Hauptstraße treffen, die uns nach Roncesvalles führt, einem Ort, der auf der Pilgerstraße nach Santiago de Compostella liegt. Wie froh müssen erst die Pilger vergangener Jahrhunderte gewesen sein, nach beschwerlichem Fußmarsch über den Paß das Kloster von Roncesvalles erreicht zu haben. Heute ist in einem der alten Gebäude eine Herberge untergebracht. Fast ein Meter dicke Mauern lassen die Geräusche der Außenwelt nicht mehr hereindringen. Die Zimmer sind spartanisch, Mönchszellen nicht unähnlich. Der alte Steinfußboden ist abgelaufen von den Tritten ungezählter Füße. Die alten, massiven Holzbalken sind gekrümmt unter der Last der Jahrhunderte, das ganze Gebäude atmet den Hauch der Geschichte.

Über Nacht sind 20 Zentimeter Neuschnee gefallen. Und das auf nur 1000 Metern Höhe. Der Rückweg über den Paß, über den wir gestern noch gekommen sind, ist abgeschnitten. Keine Möglichkeit mehr, in das Hochgebirge zurückzukehren. Das Wetter hat seine Karten ausgespielt, Ende April in Spanien. Die vier Schweizer Pilger, die mit uns in der Herberge übernachtet haben, nehmen das Wetter als von Gott gegeben hin. Eine weitere Prüfung auf dem Weg nach Santiago de Compostella. Eingehüllt in Winterjacken, Wanderschuhe an den Füßen, den Rucksack geschultert, verschwinden sie langsam im Schneetreiben. Für uns bedeutet der Wetterumschwung Rückzug in mildere Gefilde.

Jürgen Hampel

Übernachtung in alten Burgen und Klöstern

Die Paradores sind meist herrlich gelegene, staatliche Hotels mit gutem bis sehr gutem Service zu erschwinglichen Preisen. Das Wort "parador" wird schon in der spanischen Literatur erwähnt. Während in der "posada" die Tiere untergebracht wurden, diente der "parador" den Reisenden als Unterkunft. Als Fortsetzung dieser Tradition wurde im Jahre 1926 das Projekt der staatlichen Paradores entwickelt. Gegenwärtig umfaßt das Netz 86 Paradores in ganz Spanien, davon sechs in den Pyrenäen. Ein Grundgedanke der Idee ist es, das Angebot an Hotels auch dort zu gewährleisten, wo die Rentabilität für Privatinitiativen zu gering ist. Ein zweiter Grundgedanke ist, daß, wo immer möglich, alte Baudenkmäler, Hospize, Paläste, Burgen oder Klöster zur Errichtung von Paradores benutzt werden. Eine informative Broschüre über die Paradores kann angefordert werden bei: Ibero Hotel Reservierung, Berliner Allee 22, Düsseldorf.

Alte Kirchen...

...und noch ältere Häuser liegen am Weg.

Holzschuhe mit einer blutigen Vergangenheit

In Audressein findet sich noch ein Handwerksbetrieb, der vom Aussterben bedroht ist: ein Holzschuhmacher. Alles dreht sich in dem kleinen Betrieb um Holz. Jacques sucht sich die besten Stücke höchstpersönlich im Wald aus. Unförmige Riesenklötze, die nur entfernt eine Verwandtschaft mit einem Holzschuh haben, werden unter seinen geschickten Händen zu Schmuckstücken für Haus und Garten mit Schuhgröße 100 oder mehr. Da ist dann alles Handarbeit, während bei den Schuhen, die noch getragen werden, zu Beginn eine Maschine zum Einsatz kommt.

Rohlinge in allen Größen

Zahlreiche Schablonen hängen an den Wänden der dunklen Räume. "Jede Region hat ihre bestimmte Schuhform", verrät der Meister und nimmt eine der Schablone, um sie in die Maschine zu spannen. Zwei Holzklötze werden rechts und links davon eingespannt. Während ein Fühler die Form der Schablone nachfährt, schnitzen scharfe Messer aus den Rohlingen die erste Form, innen wie außen. Was dann kommt, ist reine Handarbeit. Jedes Messer hat eine andere Form, bestimmt dafür, eine besondere Arbeit zu verrichten. Da entstehen sanfte Rundungen, wird der Fußraum noch besonders ausgehöhlt. Da wird lackiert, gehämmert und gebohrt.
Jacques, seine Frau, der Sohn und noch ein Helfer arbeiten in dem kleinen Betrieb. In einer Ecke stehen stapelweise die halbfertigen Holzschuhe, die Wände sind bedeckt von Schablonen und Werkzeugen, die ihre eigene Geschichte erzählen. Rund 1000 Paar der seltenen Holzschuhe werden jährlich noch in dem kleinen Betrieb gefertigt. Das Paar in seiner einfacheren Ausfertigung kostet rund 100 Mark. Die Kunden kommen teilweise von weit her. Den letzten Arbeitsgang läßt sich der Meister nicht nehmen. Mit einem kleinen Meißel verziert er seine Schuhe. Aus einfachen Strichen werden Ähren und Blumen, das Dekor bleibt meist gleich.
Besonders stolz ist der Meister auf seine Schuhe mit dem hohen, langen Schnabel, die eine eigene, blutige Geschichte haben. Gleich hinter dem Ort Audressein führt eine kleine Straße in das Tal von Bethmale. Um das Jahr 1000 hatten die Mauren die Herrschaft über dieses Tal. Sie nahmen sich, was ihnen gefiel, darunter auch die Frauen der ansässigen Bevölkerung. Dies wollten sich die Männer eines

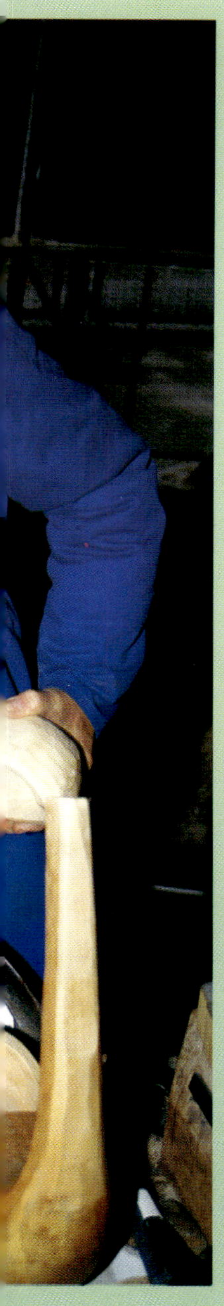

Tages nicht mehr bieten lassen. Sie rüsteten zum Kampf gegen die verhaßten Mauren. Einer der Bewohner schnitzte sich dazu Holzschuhe mit einer langen Spitze und brachte damit seine Verlobte und deren maurischen Liebhaber um. Nach der Tat waren auf der Spitze zwei blutige Fleischstücke zu sehen, der Überlieferung nach die Herzen der beiden Getöteten. Seit dieser Zeit gelten die Holzschuhe mit der langen Spitze als Liebeserklärung der jungen Männer an ihre Verlobten. Und stets ziert ein ins Holz geschnitztes Herz die Spitze der Schuhe. Voila.

Jürgen Hampel

Roadbook I

Andorra

km	Ort	Richtung	Bemerkung
0,00	La Massana große ✕ Pal/Ordino	Pal	
2,50/2,50	✕	← Pal	
5,53/3,03	OA Pal	↑	
8,62/3,09	Y	→ Col de la Botella	
13,30/4,68	Col de la Botella	↑	
13,73/0,43		↑	"Gesperrt"- Schild, lt. Anwohner ignorieren (gilt nur bei Glatteis und Schnee)!
19,00/5,27	Grenze Andorra/Spanien	↑, → halten, Schotter	
22,35/3,35	Y	→	
22,93/0,58	✕	↑	
23,55/0,62	Y	←	
24,18/0,63	über Fluß	↑	
24,45/0,27	Hof	vor Hof ← und über Bach, dann ↑	
26,20/1,75	Y	← ins Dorf	
27,12/0,92	über Brücke	←	
28,08/0,96	Y	→	
29,20/1,02	über Brücke	↑	
29,40/0,20	über Brücke	↑	
29,75/0,35	über Brücke	↑	
32,51/2,96	über Brücke	↑	
32,85/0,34	über Brücke	↑	
33,35/0,50	Y	← runter	
34,68/1,33	über Brücke	↑	
36,02/1,034	Dreier Y	Mitte	
37,95/1,93	OA Alins ✕	↑ Llavorsi	
38,35/0,40	OE Alins	↑ Teerstr.	
39,00/0,65	✕	↑	
40,10/1,10	OA Ainet de Besan	↑	
43,15/3,05	Araos	↑	
46,00/2,85	✕	↑ Llavorsi	
46,75/0,75	✕	← Llavorsi	nach Brücke ↑, neue gut ausgebauteStraße! NULLEN!! Wir mußten eine Umleitung durchs Dorf fahren!
3,85/3,85	✕ Llavorsi	→ Viella	bis Viella sind es ca. 63 km Ende!!!

Anschluß an Roadbook II ist möglich.

Roadbook II

Ins schöne Dorf von Alos d´Isil

km	Ort	Richtung	Bemerkung
0,00	OE Esterri de Aneu Y	→ Isil	rechts Fluß, Teerstr. folgen
4,35/4,35		← Hauptstr. folgen	
4,45/0,10	OA Isavarre	↑	
6,60/2,15	Dreier Y	↑	
8,75/2,15	OA Isil	↑	
9,35/0,60	Y	←	rechts Fluß
10,40/1,05	✕	↑	
11,95/1,55	Alos D'Isil	↑	Abstecher bis Stausee!! Ende!!

Anschluß an Roadbook III ist möglich.

Bei Schlamm schmieren die Reifen schnell zu.

Immer wieder malerische Ortschaften.

Roadbook III

Bagneres de Luchon

km	Ort	Richtung	Bemerkung
0,00	OE Bagneres, aus dem Zentrum kommend	Col de Peyresourde Arreau	
0,10/0,10			über Brücke
0,38/0,28	✕	← Arreau, D 618	Hauptstr. folgen, D 618
13,00/12,62	Col de Peyresourde	Arreau	
20,13/7,13	✕	← Loudenvielle, D 25 Val Louron	
22,05/1,92	✕	→ Genos, Avajan	über Brücke
22,55/0,50	✕	← Jenos, Val Louron	
23,16/0,61	✕	→ Azet, St. Lary	
28,85/5,69	✕	→ Azet, St. Lary	
30,62/1,77	Y	→ runter	
35,90/5,28		St. Lary	
37,90/2,00	Y	← Sailhan	
39,50/1,60	✕	← →, D 25, St. Lary - Soulhan	
41,31/1,81	✕	← Aragnouet, D 929	Hauptstr. folgen
49,20/7,89	OA Fabian		
50,13/0,93	Y	← Aragnouet → Route des Lacs	empfehlenswert, einen Abstecher machen auf der Route des Lacs, ca. 14 km zu fahren!Ende!!

Anschluß an Roadbook IV ist möglich.

Roadbook IV

km	Ort	Richtung	Bemerkung
0,00	Kreuzung unten in Fabian	Tunnel nach Spanien	
3,52/3,52	✕	↑ Tunnel nach Spanien	
9,53/6,01	Beginn Tunnel		Hauptstr. folgen
30,91/21,38	✕	Plan, bzw. Ainsa	NULLEN!!
0,00	Kreuzung	← Plan	
5,40/5,40	Y	↑	
5,78/0,38	Y	↑	auf der Strecke sind einige kleine, dunkle Tunnel!!
7,80/202	Y	← über Brücke	
12,08/4,28	OA Plan		
12,13/0,05	Dreier Y	→ runter, Schotter	Chia noch 25 km
12,42/0,29	Y	← nach Brücke	
13,35/0,93	Y	↑	Hauptpiste folgen
14,15/0,80	Y	→	
17,25/3,10	Y	←	
19,21/1,96	Y	↑, → halten	
19,55/0,34	✕	↑	Hauptpiste folgen
22,05/2,50	Y	← Chia	
24,75/2,70	✕	→, nicht links zur Hütte	
25,52/0,77			schöne Aussicht
25,61/0,09	✕	↑	
28,12/2,51	Y	←	
33,32/5,20			Hauptpiste folgen
34,80/1,48			Hauptpiste folgen
37,32/2,52	OA Chia		
37,75/0,43	✕	→ Teerstr.	
41,50/3,75	✕	→	
41,75/0,25	✕	↑ Graus C 139	
58,12/16,37	✕	↑	
59,90/1,78	OA Campo		
62,25/2,35	✕	→ Ainsa	bis Ainsa
90,90/28,65	OA Ainsa		Ende!!

Anschluß an Roadbook V ist möglich.

Roadbook V

Ainsa . Hauptstr. von Ainsa nach Bielsa, ca. 9 km von Ainsa

km	Ort	Richtung	Bemerkung
0,00	Abzweigung bei Escalone	Valle de Anisclo	
0,20/0,20	Y	←	Hauptstr. folgen
13,20/13,00	Parkplatz	→ auf der Straße weiter	Wanderungen zu Fuß nach Anisclo möglich!
14,80/1,60	Y	→ Neri/Fanlo	
17,58/2,78	✕	↑ Fanlo	
23,30/5,72	✕	↑ Broto / Torla	
34,10/10,80	OA Sarvise	Jaca	auf Hauptstr. bleiben
37,36/3,26	OA Broto		
40,25/2,89	Y	← Biescas	
63,55/23,30	OA Biescas		Ende!!

Anschluß an Roadbook VI ist möglich.

Roadbook VI

Jaca. Achtung, die Strecke ist sehr eng, steil und steinig. Nicht für Einsteiger geeignet.

km	Ort	Richtung	Bemerkung
0,00	Zitadelle von Jaca	Pamplona	
0,25/0,25	✕ Ampel	→ Conde Aznar, Hotel	Einbahnstr.
0,68/0,43		→	
0,78/0,10	✕	scharf ←, Aisa	
1,83/1,05	Y	←	
15,60/13,77	✕	← Las Tiesas, Altas	Schotter
16,50/0,90	Y	→	
17,15/0,65	Y	→	
17,70/0,55	Y	←	
18,80/1,10	✕	↑	viel Gebüsch !!! Strecke ist sehr steinig und ausgewaschen! Achtung!!
20,60/1,80			enge Kurve
21,95/1,35	Y	←	
22,05/0,10	✕	←	
22,82/0,77	Treffen auf Wiese	↑ drüber, → runter ins Bachbett ↑ raus	
22,91/0,09	Treffen auf Feld	→ am Rand entlang ca. 10 m und ↑ raus, → halten	
23,01/0,10	Treffen auf Wiese	↑ auf Schotterweg → raus zur Teerstr.	Bravo, geschafft!!
23,25/0,24	Stoppschild	→ Teerstr.	
24,26/1,01	✕	← Embun	
25,23/0,96	✕ Embun	→	
25,38/0,15	✕	← Plaza Mayor	Ende!!

Anschluß an Roadbook VII ist möglich.

Roadbook VII

Calle San Miquel (Straßenname)
und hoch aus dem Ort Embun raus (gerade durch).

km	Ort	Richtung	Bemerkung
0,00	oberhalb Embun	Piste folgen, steil hoch	rechts Wetterstation
0,28/0,28	Y	→	
0,38/0,10	Y	←	
3,95/3,57	Y	←	Hauptpiste folgen
6,25/2,30	Y	←	Hauptpiste folgen
7,02/0,77	Y	→	
8,85/1,83	✕	→	
8,95/0,10	Sendemast	↑	
13,30/4,35	✕	→	
15,61/2,31	✕	↑	
18,35/2,74	✕ Embun	← Teerstr.	Ende!!

Anschluß an Roadbook VIII ist möglich.

Roadbook VIII

St. Jean Pie de Port

km	Ort	Richtung	Bemerkung
0,00	St. Jean Pie de Port, große Kreuzung im Zentrum Cafe de la Paix	D 933, ← St. Palais	
0,10/0,10		↑ über Brücke	
0,91/0,81	OE St. Jean Pie de Port	↑	
3,50/2,59	St. Jean de Vieux	↑	
4,15/0,65	✕	→ Ahaxe	
5,50/1,35	Y	←	Hauptstr. folgen
7,60/2,10	Ahaxe	↑	Hauptstr. folgen
9,53/1,93	Lecumberry	↑	Hauptstr. folgen
10,45/0,92	Mendive	↑	Hauptstr. folgen
10,98/0,53	✕	← Ahusguy	
11,27/0,29	✕	→ und wieder → halten	
11,36/0,09	Y	→ Ahusguy	
11,70/0,34	Y	←	
19,84/8,14	Y	← rauf	

Immer weiter Richtung Ahusguy und dann Alcay ↑. Wir mußten leider unsere Tour hier wegen extrem starker Schneefälle Ende April abbrechen. Gute Fahrt!

AUF EINEN BLICK

Geografie

Unter den Pyrenäen versteht man das Bergmassiv zwischen Frankreich und Spanien, das sich auf einer Länge von rund 450 Kilometern vom Atlantik bis zum Mittelmeer in west-östlicher Richtung erstreckt. Die größte Breite liegt bei etwa 140 Kilometern.

Landschaft

Die Pyrenäenkette gliedert sich in drei unterschiedliche Teile: die Westpyrenäen, die Zentralpyrenäen und die Ostpyrenäen. Zahlreiche Gipfel in den Zentralpyrenäen erreichen Höhen von über 3000 Metern. Auf der Ost-, wie der Westseite fällt das Gebirge jeweils sehr schnell und steil zum Meer hin ab.

Freizeit / Sport

An den Küsten alle Arten von Wassersport, in den Pyrenäen selbst Wandern, Bergsteigen, Rafting oder Kajakfahren.

Offroadfahren

Viele Pisten durchziehen die Pyrenäen, die auch noch befahren werden dürfen. Verbotsschilder tauchen verstärkt in den Nationalparks auf. Bitte beachten! Aber auch die engen, abgelegenen On-Road-Pisten vermitteln einen eigenen Reiz.

Reisezeit

In den höheren Lagen ist manchmal bis Anfang Juni mit Altschneeresten zu rechnen, Neuschnee kann dort schon wieder ab Ende September fallen. In der Zeit dazwischen besteht die größte Wahrscheinlichkeit, auch hochgelegene Pässe befahren zu können. Viel Sonnenschein im Sommer bei oft heißen Temperaturen bis hoch hinauf.

Einreise

Gültiger Personalausweis, bzw. Reisepaß.

Anreise

Über das kostenpflichtige französische Autobahnnetz entweder über Lyon und Orange bis Perpignan oder über Paris nach Bordeaux und weiter über Bayonne nach Tarbes.

Verständigung

In Frankreich sollten es schon ein paar Brocken Französisch sein, damit man besser klarkommt. In Spanien kann man sich, falls der Landessprache nicht mächtig, mitunter auf Englisch oder manchmal auf Deutsch verständigen.

Unterkunft

In beiden Ländern finden sich Hotels der unterschiedlichen Kategorien. Französische Hotelorganisationen finden Sie unter der Rubrik "Auf einen Blick - Unterkunft" im Kapitel "Südfrankreich". Das spanische Fremdenverkehrsamt verschickt ebenfalls Listen mit Hotels und Pensionen (Anschrift unter der Rubrik "Informationen"). Die Paradores-Kette ist dabei besonders empfehlenswert (siehe eigenen Tip im Textteil zu den Pyrenäen).

Barometer und Schmuckstücke zugleich: Sonnenblumen.

Bekleidung

Obwohl man oft von Meereshöhe aus startet und es unten im Tal im Sommer recht heiß werden kann, gehört ein warmer Pullover unbedingt ins Gepäck. Die Pyrenäen gehen auf über 3000 Meter hoch, wo es auch im Sommer empfindlich kalt werden kann. Überraschende Schneefälle sind keine Seltenheit. Für alle Gelegenheiten gewappnet sein.

Devisen

In Frankreich ist der französische Franc Zahlungsmittel (100 Franc rund DM 29.-), in Spanien die Peseta (100 Peseten rund DM 1.24). In beiden Ländern werden Kreditkarten akzeptiert, an den meisten Geldautomaten kann mit der EC-Karte Bargeld rund um die Uhr angehoben werden.

Benzin

Überall erhältlich, in Frankreich etwas teurer, als in Deutschland. Am besten in Andorra volltanken, der Liter Diesel kostet hier nur rund 70 Pfennige.

Kriminalität

In den Küstenregionen sind in den Touristenhochburgen Diebstähle und Autoaufbrüche nicht selten. Im Gebirge ist die Kriminalität fast Null.

Telefon

Aus Frankreich nach Deutschland: zuerst die 19 wählen, nach dem Ton die 49. Aus Spanien nach Deutschland: 07, nach dem Ton die 49.

Medizinische Vorsorge

In Frankreich wie in Spanien genügt der Auslandskrankenschein, um ärztlich behandelt zu werden. Eine private Zusatzversicherung ist immer empfehlenswert. Manche Ärzte bestehen auf Barzahlung. Die Quittung kann zuhause bei der eigenen Kasse zur Rückerstattung vorgelegt werden.

Elektrizität

In Frankreich 220 Volt, in Spanien 220 Volt, vereinzelt aber auch noch 125 Volt, vor allem in kleinen, abgelegenen Orten. Adapter nicht vergessen, vor Ort nur schwer erhältlich.

Karten / Literatur

“Pyrenäen - Richtig wandern”, Verlag Dumont, DM 29.80. Als Karten zu empfehlen: zur Übersicht die Karten von Michelin, Blatt 989 und Blatt 990. Vor Ort gibt es exzellente Karten von IGN (Blätter 113 und 114) im Maßstab 1: 250 000, sowie eine Karte “Pirineos” von Firestone im Maßstab 1: 200 000.

Informationen

Französisches Fremdenverkehrsamt, Westendstraße 47, 60325 Frankfurt/Main, Telefon: 069/7560830 und über das Spanische Fremdenverkehrsamt, Myliusstraße 14, 60323 Frankfurt/Main, Telefon: 069/725033.

Steinige Pisten allerorten.

GZ EE 7

TIROL / SÜDTIROL

Viele Urlauber durcheilen auf ihrem Weg in den Süden das Grenzgebiet zwischen Österreich und Italien auf dem schnellsten Weg, nämlich auf der Autobahn über den Brenner. Dabei gibt es gerade in dieser Region und dem benachbarten Reschenpaß einige reizvolle Alternativen, On- wie auch Off-Road. Wir haben deshalb diese Region in einem Kapitel zusammengefaßt.

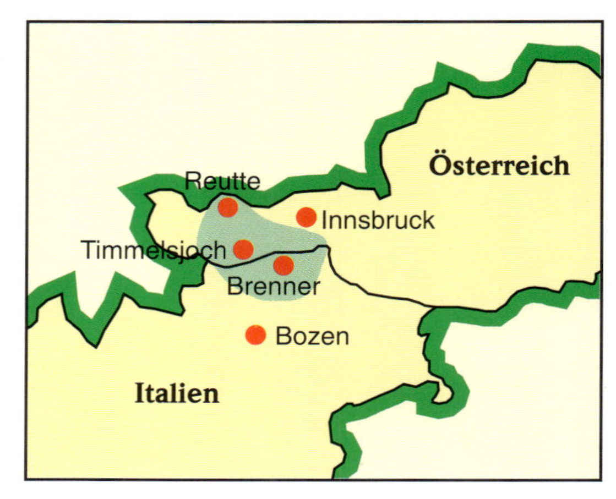

Das Königreich am Berg

Heiß brennt die Sonne vom Himmel. Nur ein leichter Wind bringt, fast 800 Meter über dem Talboden, Kühlung. Der Lärm der Straße, die vom Reschenpaß nach Meran durch den Vinschgau führt, dringt nicht mehr bis hier herauf, wo an steilen Bergflanken Bauernhöfe wie Schwalbennester kleben. Weiße und braune Farbtupfer mit den Namen "Oberhaus, Pardatsch und Niederhaus" liegen inmitten von grünen Matten. Vor Jahrhunderten erbaut, zu einer Zeit, da die Etsch noch nicht reguliert war, und Überschwemmungen im Tal immer wieder die Arbeit eines ganzen Jahres zunichte machten.

Damals, in der Zeit von Hunger und Not, ergriffen die ersten Bauern die Flucht vor der tosenden Etsch, vor den Fluten, die Verderben und Tod brachten, damals suchten die ersten Bauern ihr Heil hoch oben über dem unberechenbaren Fluß, stampften sich im Einklang mit der Natur ein neues Stück Lebensraum aus dem Boden.

Im Niederhaus scheint die Zeit stehengeblieben zu sein. In der Küche kniet die Tochter auf dem harten Boden, schrubbt die abgeschabten Bohlen mit kaltem Wasser. Durch ein kleines Fenster fällt nur wenig Licht, die Augen müssen sich erst an das ungewohnte Halbdunkel gewöhnen. Nach ein paar Minuten werden die Umrisse schärfer. Der Hackstock für das Feuerholz steht in einer Ecke, der alte Ofen in der anderen. Töpfe hängen von der Decke, die kohlrabenschwarz ist. Der Grund: in diesem Raum wird seit Generationen auch geräuchert.

Die Selbstversorgung steht auf einem Bergbauernhof auch in unserer Zeit der Supermärkte und Lebensmittelketten noch an erster Stelle. Bargeld ist Mangelware, nur der Verkauf von Milch und Eiern bringt ein paar Lira ins Haus. Und dieses Geld wird, wie es von altersher Sitte ist, für Notfälle zusammengehalten.

Lohnarbeit im Tal? Die kommt nicht in Frage, meint die Bäuerin vom Niederhaus. Auf dem Hof leben seit dem tödlichen Motorradunfall des Sohnes nur noch vier Menschen, da braucht man jede Hand.

Die Bäuerin sitzt im Zimmer neben der Küche und halbiert Erdäpfel. Die Stücke müssen als Saat noch heute in den Boden. Auf maschinelle Hilfe ist dabei nicht zu rechnen. Die Steilheit der Hänge, die manchmal atemberaubend ist, läßt einen Einsatz von Maschinen nicht zu. So muß die meiste Arbeit von Hand verrichtet werden.

An eine Aufgabe des Hofes denkt man im Niederhaus dennoch nicht. Der Stolz, Bergbauer zu sein, schwingt bei der Antwort auf diese Frage mit. Die Tochter ist im heiratsfähigen Alter und inzwischen will so mancher Bursch aus dem Tal wieder hinauf auf den Berg. Was die Liebe nicht so alles vermag!

Dies war in den letzten Jahren und Jahrzehnten nicht immer so. Der Götze Fortschritt forderte auch hier seinen Tribut. Der Bergbauer konnte mit der industriellen Produktionsweise unten im Tal nicht mehr Schritt halten. Die Folge: zahlreiche Höfe wurden aufgegeben, dem Verfall preisgegeben.

Abgelegene Strecken sind in Tirol eine Seltenheit.

Die Auswirkungen kann jeder Laie heute auf seinen Spaziergängen durch den Vinschgau sehen. Die nicht mehr gemähten Bergwiesen wurden zu gefährlichen Rutschbahnen für Muren und Lawinen. Der Bergbauer trug mit seiner Arbeit wesentlich zum Erhalt der Kulturlandschaft bei. Da die nicht mehr bewirtschafteten Flächen stark der Erosion ausgesetzt waren, mußten sie häufig in mühsamen Aufforstungsarbeiten wieder abgesichert werden.
Doch nicht nur aus diesen Gründen hat man in Südtirol schon früh versucht, der „Bergflucht" Einhalt zu gebieten. Die Bergbauernhöfe gehören im Vinschgau einfach zur geschichtlichen Entwicklung und sollten schon alleine deshalb erhalten bleiben. Finanzielle Hilfen der Europäischen Gemeinschaft wurden in der Vergangenheit dazu genutzt, in Not geratene Familien unter die Arme zu greifen, abgelegene Höfe durch Straßen zu erschließen und mit Elektrizität zu versorgen.
Vor Jahren hat es auch im Niederhaus dieses denkbar historische Ereignis gegeben. Der Hof wurde an das Stromnetz angeschlossen. Auf Knopfdruck ging das Licht an, eine Kühltruhe konnte angeschafft werden und ein Fernsehkasten brachte die große, weite Welt in die holzgetäfelte Stube.
Die Bäuerin hat aber nicht nur gute Erinnerungen an den Beginn dieser „modernen" Zeiten: Jeden Abend saß die ganze Familie bis spät in die Nacht vor dem Fernseher und war deshalb am nächsten Morgen oft zu müde zum Arbeiten. Fatale Folgen habe das Programm auch für die Kinder gehabt. „Schweinskram" hätten sie gesehen. Denn es reicht nach Ansicht der Bäuerin durchaus, wenn Kinder erst bei der Einschulung erfahren, daß es auch bei den Menschen „zweierlei Leit" gibt. „Der Bub braucht den Unterschied zwischen ihm und den Weiberleit erst kennenzulernen, wenn er zum Militär kommt." So war man im Niederhaus, zumindest bei den Erwachsenen, ganz zufrieden, als der Fernseher nach zwei Jahren seinen Geist aufgab. Ein neues Gerät wurde seitdem nicht mehr angeschafft.
An moderne Geräte wird auch im Oberhaus wenig gedacht. Auch hier, nur wenige hundert Meter vom Niederhaus entfernt, setzt die Natur dem Einsatz von Maschinen natürliche Gren-

Die alte Stube im Niederhaus.

zen. So fühlt sich der Wanderer um hunderte von Jahren zurückversetzt, wenn er den Bauern und seinen Sohn beim Pflügen sieht.
Vor dem hölzernen Gerät, dessen Einzelteile durch Stricke und Lederbänder zusammengehalten werden, mühen sich zwei Kühe am Hang, der eine Neigung von fast 35 Grad hat. Nur das Ächzen von Holz, das aufeinanderscheuert, und die ruhige Stimme des Bauern, der sein altertümliches Gespann dirigiert, durchbrechen die Stille.
Es ist eine monotone, schweißtreibende, aber lebenswichtige Aufgabe, die sich über mehrere Tage hinzieht. Und alle paar Jahre steht noch eine „Fleißaufgabe" auf dem Programm. Da die Erde durch das Pflügen am steilen Hang immer weiter abrutscht, müssen ein paar Meter Erde wieder nach oben gebracht werden, der Schwerkraft zum Trotz.
Doch auch im Oberhaus, das zwei Familien bewirtschaften, um im Krankheitsfall alle anfallenden Arbeiten bewältigen zu können, wird nicht an ein einfaches Leben im Tal gedacht. Zu sehr sind diese Menschen mit ihrem Leben auf dem Bergbauernhof verwurzelt.
Es ist ein hartes Dasein, das sich in den Zügen der Menschen widerspiegelt. Und nicht aus Zufall trägt der geschnitzte Christus an Wegkreuzen meist die Züge verhärmter Bauerngesichter. Mit dem Herrgott ist man ohnehin auf du und du. Er schickt alle Mühsal, und gelitten hat er ja auch.
Aber warum, in Gottes Namen, so fragt sich der Besucher, muß denn heute noch dieses Mühsal eines Bergbauernlebens sein, wo doch unten im Tal, das man bei der täglichen Arbeit ständig vor Augen hat, der Verkehr fließt und Touristen die Kassen klingeln lassen?
Warum Kinder auf einen Schulweg schicken, der im Sommer ein hartes Stück Arbeit, im Winter oft lebensgefährlich ist?
Warum weiterhin dort leben und arbeiten, wo Hennen Steigeisen brauchen und man auf den Mist spucken muß, damit er liegen bleibt?
Es muß wohl der heute arg strapazierte Begriff der „Heimat" sein, der diese Menschen ausharren läßt auf ihrem kleinen Königreich am Berg, denn auch die schon lange ins Tal abgewanderten Geschwister kommen immer wieder gerne in ihre „Hoamet" zurück, mit der sie sich in einer Mischung aus Haß und Sehnsucht verbunden fühlen.

Jürgen Hampel

WURZELHOLZ DESIGN

TOYOTA LANDCRUISER HDJ 80

ERHÄLTLICH FÜR ALLE
GELÄNDEWAGEN UND PKW
IN VERSCHIEDENEN DESIGNS
BEI IHREM FACHHÄNDLER

Brot des Himmels

Wie der Leibhaftige persönlich sieht Bruder Alois aus. Über der schwarzen Kutte trägt er eine weite dunkle Jacke, der schwarze Hut ist mit Asche und Ruß bedeckt. Mit der "Kruk", einem Schieber an einer langen Stange, holt er erstaunliche Mengen von glühender Kohle aus dem Ofenloch. Funken stieben, Rußflocken und weiße Asche wirbeln durch die Luft: Ein wahrhaft infernalisches Schauspiel - und das in diesen heiligen Hallen! Bruder Alois stehen die Schweißperlen auf der Stirn. Endlich ist der runde, kuppelförmige Ofen leer; jetzt bekommt er mit der "Zussel" den letzten Schliff. An einer langen Stange wird ein nasser Lappen mit kreisenden Bewegungen durch den Ofen geschleudert und sorgt mit Zischen und Dampfen für rußfreie Sauberkeit.

Immer wieder wird der Lappen ins Wasser getaucht, immer wieder wird das Ofeninnere gereinigt. Bruder Alois läuft der Schweiß inzwischen in Strömen von der Stirn. Die Arbeit ist schwer, der Lappen fast verbrannt und Bruder Alois ist zufrieden. Er stellt die Zussel an die Wand, legt den Kopf schief und sieht mich nachdenklich an. Spitzbübisch blinzelt er mit den Augen und fragt schließlich, ob ich wüßte, was Zussel im Dialekt bedeutet? "Ungeschicktes, schwatzhaftes Frauenzimmer".

Seit vierzig Jahren, immerhin, ist er der Bäckermeister im Kloster Marienberg und da bekommt man schon allerhand Routine. Das Amt hat er von seinem Vorgänger gelernt und übernommen und seither, jahraus - jahrein, im Zwei-Monats-Rhythmus bei jedem Backtag einige hundert "Paarlen" gebacken.

Früh fängt der Tag im Kloster an. Im Morgengrauen wird der große Ofen angeheizt, allein dies ist eine Kunst für sich: Wegen der Größe des Ofens müssen drei Feuer nacheinander, hinten, in der Mitte und vorn abgebrannt werden. Auch die rund 80 Zentimeter langen "Backscheiter" müssen die richtige Mischung haben. Bruder Alois schwört auf viel Fichte und etwas Lärchenholz - zuviel Lärche würde zuviel Unterhitze er-

Herrlich duftet das frische Brot.

geben. Das Holz ist bereits seit dem letzten Backtag im Ofen aufgestapelt. Um die Restwärme auszunützen und das Holz so richtig trokken zu haben, wird es immer sofort nach dem Backen neu aufgeschichtet.
Wenn das Feuer brennt und damit auch die Backstube schön erwärmt, geht Bruder Alois daran, den Sauerteig wiederzubeleben. Ein Eimer davon wird immer aufgehoben und steht zugedeckt in der Ecke der Backstube. Vermischt mit warmem Wasser und frisch gemahlenem Mehl aus der Klostermühle, beginnt es im Backtrog bald zu gären.
Beinahe so alt wie das Kloster selbst, ist der Brauch der Patres und Brüder, ihr eigenes Brot zu backen. Gegründet wurde Marienberg in der Mitte des 12. Jahrhunderts, die heutige, burgartige Klosteranlage geht in der Hauptsache auf das 17. Jahrhundert zurück. Berühmt ist vor allem die Krypta von Marienberg mit ihren außergewöhnlich gut erhaltenen, leuchtend blauen Engelsfresken aus spätromanischer Zeit (um 1170). Schneeweiß und erhaben thront das Benediktinerkloster an der westlichen Bergflanke, unübersehbar für den Reisenden, der über den Reschenpaß nach Südtirol kommt.
Die weiße Front von Marienberg mit ihren unzähligen Fenstern erinnert an die Himalaya-Klöster. Und auch die Landschaft des oberen Vinschgaus, trocken und karg, mit vom Wind gekrümmten Bäumen, scheint wie aus einer anderen Welt. Wohltuend fürs Auge sind die in den letzten Jahren wieder häufiger gewordenen Roggenfelder als goldene Tupfer im grünmonotonen Einerlei der Viehwirtschaft.
Von alters her war der Roggen im Vinschgau "das Korn" schlechthin. Auf den lockeren, mageren Böden fand er ideale Bedingungen vor; der Roggenacker hieß denn auch schlich der "Brotacker" und das Sauerteig-Roggenbrot war in Südtirol über Jahrhunderte, in Notzeiten überdies gestreckt mit dem Mehl von Kartoffeln, Kastanien, Gerste oder Hafer, das Hausbrot auf jedem Bauernhof. Die ältesten bekannten Getreidepflanzen sind Gerste, Weizen und Hirse.
"Wie lang die Welt steht, haben sie nie anderes gebacken," sagt auch Bruder Alois überzeugt, während er je zwei kleine Teigklumpen nebeneinander auf das lange Brotbrett aus Zirmholz legt, das mit einem sauberen Leinenstreifen,

Selbstversorgung steht in Marienberg an oberster Stelle ...

dem Brottuch, bedeckt ist. Im Kloster legt man Wert auf eine sehr traditionelle Rezeptur: einzige Zutaten sind Roggenmehl aus eigenem Anbau, Wasser und Salz. Versuche, dem Brot einmal einen anderen Geschmack zu geben, etwa durch die Beifügung von Kümmel oder Anis, seien von den Mönchen stets vehement abgelehnt worden, berichtet Bruder Alois.
In der Backstube ist es warm. Ein Brotbrett nach dem anderen wird in den Schragen, einer Art Regal, zum "Gehen" aufgelegt. Ein Weilchen kann Bruder Alois sich auf der Ofenbank der

... auch Honig wird selbst gewonnen.

Backstube ausruhen und eine Kleinigkeit essen, während die Teigbrote aufgehen, dann wird es Zeit, sie in den Ofen "einzuschießen". Mit tausendfach geübtem Schwung befördert der Mönch die weichen Teigfladen mit Hilfe des bemehlten Brottuches auf die rechte Hand und von da sofort auf die "Schissel", einen langen Holzspaten. Die Schissel wird weit in das Ofenloch hineingesteckt, dann eine schnelle, geschickte Drehung des Handgelenkes, schon liegt das erste Paarl im heißen Ofen. Die Temperatur ist richtig, jetzt gilt es, möglichst schnell und platzsparend den Boden des Ofens zu füllen: Im richtigen Abstand sollen sie liegen und während eine Ladung nach der anderen eingeschossen wird, dürfen auch die ersten Brote, der Vorschuß, der sehr schell gebacken ist, nicht vergessen werden. Bruder Alois arbeitet konzentriert. Die fertigen Brote werden wiederum ordentlich auf den Brotbrettern zum Abkühlen aufgelegt. "Der Vorschuß," erzählt Bruder Alois, "ist nicht so gut, weil der Ofen vielleicht noch ein bißchen zu heiß ist. Das Brot ist außen schon braun und innen noch nicht ganz durch." Auch die letzten Brote seien nicht so gut, wie die mittlere Partie. Früher wurde dieses Brot an die Armen verschenkt, doch lange schon sind die Zeiten vorbei, als am Tor des Klosters um Brot gebettelt wurde.

"Ja, das Brot," philosophiert Bruder Alois während auch er ein Stück probiert, "das Brot hat in der Geschichte der Menschen immer eine zentrale Rolle gespielt und ist auch in unserer Sprache allgegenwärtig." Schon im alten Testament sei vom immerwährenden himmlischen Brot die Rede, im Vater Unser bittet man um das "tägliche Brot", nicht zu vergessen das geweihte Brot, die heilige Hostie. Mir fällt der Eigenbrötler, der Sonderling ein, der Broterwerb, das Brotstudium, der Brötchengeber. Bruder Alois fügt hinzu, daß ein empfindlicher Mensch im Dialekt oft als "Weizener" bezeichnet wird und allerhand Aberglaube, der auch mit dem Brot in Verbindung stehe.

Verhältnismäßig wenig Verständnis kann Bruder Alois für den heutigen Trend zu Vollkorn-Broten aufbringen. Jahrhundertelang habe man sich bemüht, das Korn möglichst fein zu mahlen und von allen Schalen und sonstigen Stoffen zu trennen. Warum es jetzt auf einmal gesund sein soll, "jeden Dreck mitzubacken", kann Bruder Alois nicht nachvollziehen.

Kein Wunder: im Kloster Marienberg braucht man keinem Bio- oder Vollwerttrend nachzulaufen. Das Gemüse kommt aus dem eigenen Garten, Speck und Fleisch von den eigenen Bauernhöfen, Honig von den eigenen Bienen und der Roggen, der in der Nähe des Klosters wächst, wird in der eigenen Mühle gemahlen. "Ora et labora", bete und arbeite, so heißt seit Jahrhunderten der Benediktinische Wahlspruch in Marienberg und hoffentlich wird im Kloster auch noch lange, lange Brot gebacken.

Karin Bernhart

Roadbook I

Reutte - Imst

km	Ort	Richtung
0,00	OE Reutte bei Lechaschau	Lechtal Bundesstr. 198
6,20/6,20		↑ Lechtal/Warth
16,05/9,85	Stanzach	↑
16,65/0,60	Y	→ Steeg/Warth
17,05/0,40	OE Stanzach	↑
22,28/5,23	✕ Y	← Hahntennjoch/Imst → Boden
28,20/5,92	Bschlabs	↑
32,35/4,15	✕	← Imst
34,20/1,85	Pfafflar	↑
37,45/3,25	Hahntennjoch 1894m	↑
47,50/10,05		→ Linserhof
49,00/1,50	Imst	Ende!!

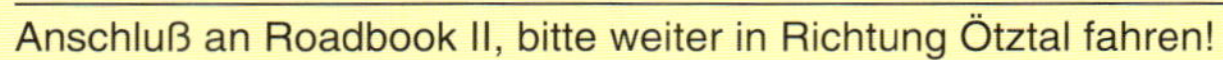

Anschluß an Roadbook II, bitte weiter in Richtung Ötztal fahren!

Alltag der Bäuerin: Kartoffelschälen.

Hoch über dem Brenner.

Roadbook II

Alternativstrecke zum Brenner. Bundesstr. 171 Richtung Telfs/Ötztal und weiter Bundesstr. Nr. 186 Richtung Ötztal/Kühtai

km	Ort	Richtung	Bemerkung
0,00	OA Ötz		
1,30/1,30	✕	← Kühtai	
2,05/0,75	OE Ötz	↑ Kühtai	
10,75/8,70	OA Ochsengarten	↑	
11,25/0,50	OE Ochsengarten	↑	
17,05/5,80			rechts Stausee
17,85/0,80	OA Kühtai	↑	
30,35/12,50	OA Gries	↑	
35,70/5,35	Sellrain	↑	
36,05/0,35	✕	→ Potsdamer Hütte	nach kleiner Brücke
37,45/1,40	Y	← über Brücke	
38,45/1,00	Sellrain Ortsteil Tanneben		Hauptstr. folgen
39,53/1,08	Grinsenz		Hauptstr. folgen
42,20/2,67	✕	→ runter	
42,30/0,10	Pafnitz	↑	
43,65/1,35	Axams	↑	
45,55/1,90	Birgitz	↑	
46,90/1,35	✕	→ Mutters	
51,25/4,35	Mutters	↑	
52,05/0,80	Y Brunnen	←	
52,25/0,20	✕	↑	
53,50/1,25	✕	→	Brennerbundesstraße fol- gen bis zum Brenner oder über die Autobahn hoch. Ende!!

Hier Anschluß an Roadbook III, Grenzkammstraße.

Roadbook III

Brenner-Grenzkammstraße

km	Ort	Richtung	Bemerkung
0,00	Brenner Grenze Italienisches Zollhaus	Bundesstraße 182 ↑	
2,95/2,95	Brennerbad		
3,45/0,50		→ gegenüber von Gasthaus "Silbergasser"	
4,55/1,10			schöne, steinige Tunnelgalerie
7,60/3,05			herrlicher Blick auf den Verlauf der Straße
7,70/0,10	Y	→	

km	Ort	Richtung	Bemerkung
10,10/2,40	Y	←	geradeaus Stichstraße
11,60/1,50	Dreier Y	←	
14,30/2,70			Achtung 2 Hügel !
15,75/1,45	Y	↑	
16,15/0,40	×	← runter	
20,40/4,25	Y	→	
22,40/2,00	× Y	→ →	
23,25/0,85	×	←	
23,65/0,40	×	→	
25,05/1,40	×	↑ Teerstr.	
26,30/1,25	Y	←	
26,50/0,20	×	↑	
27,80/1,30	Bahnübergang	↑	
28,20/0,40		↑	
29,30/1,10		↑	
29,75/0,45	Y	←	
29,85/0,10	unter Bahn		
30,05/0,20	Treffen auf Hauptstr.	←	
30,85/0,80	Gossensass	Sterzing	

Weiterfahrt ist mit Roadbook IV möglich.

Harte Arbeit am Steilhang.

Roadbook IV

Rund um Reutte. Durch Sterzing auf der B 12. In Sterzing geht es → zum Jaufenpass. Über den Jaufenpass bis St. Leonhard. In St. Leonhard zum Timmelsjoch - Sölden - Ötz - Imst - Nassereith - Leermoos - Bichlbach.

km	Ort	Richtung	Bemerkung
0,00	Bichlbach Almkopfbahn	→ raus Bichlbach	Riesenrutschbahn
0,50/0,50	×	↑ Bichlbach	
0,70/0,20	OA Bichlbach	↑	
1,20/0,50	×	→ Berwang	
4,65/3,45	Berwang	↑	
5,10/0,45	Dreier Y	→	Hauptstr. folgen
5,40/0,30	×	Rinnen	Hauptstr. folgen
7,60/2,20	Rinnen	↑	
7,70/0,10	Y	←	
8,05/0,45	OE Rinnen	↑	
8,90/0,85	×	← Brand	
9,50/0,60	Brand	↑	
10,95/1,45	Mitteregg		
11,25/0,30	Mitteregger-Hof	zurück bis "×, ← Brand"	gute Wildspezialitäten
13,30/2,05	×	← Namlos	
15,10/1,80			Rotlech
18,55/3,45	Y	← Namlos	
21,70/3,15	Namlos	↑	sehr schöne Landschaft
31,35/9,65	Stanzach im Lechtal		Ende!!

Alte Militärpisten an der Grenze zwischen Österreich und Italien.

Roadbook V

Rund um den Reschensee und hoch zu alten Militäranlagen.

km	Ort	Richtung	Bemerkung
0,00	Reschenpaß italienische Grenze	↑	
1,70/1,70	Reschen	↑	
2,00/0,30		→ Rojental	
2,15/0,15	OE Reschen		
2,25/0,10	Y	↑ Rojental	
4,90/2,65	✕	→ Rojental	
9,75/4,85	✕	→ Rojen	
10,05/0,30	Rojen	zurück	Kirche mit Fresken
0,00	✕	→	NULLEN !
0,20/0,20		über Brücke ← hoch	
1,90/1,70	Parkplatz	↑	
9,40/7,50	✕	↑ über Brücke	
9,45/0,05	St. Valentin		
9,55/0,10		→ auf Bundesstraße	
10,85/1,30	OE St. Valentin	↑	
12,60/1,75		→ kleine Straße	Radweg Richtung Burgeis
12,90/0,30	✕ über Brücke	←	
15,20/2,30	Y	←	
15,60/0,40			links Sportplatz
16,15/0,55	✕ Burgeis	←	
16,45/0,30	OE Burgeis	↑	links geht es zum Kloster Marienberg. Sehenswürdig!
16,55/0,10	Treffen auf Hauptstr.	↑ über Hauptstr.	gesperrt ab 3,5 t Radwanderweg nach Ulten
16,95/0,40	✕	← Ulten	
17,55/0,60		↑	Teerstr. folgen
18,90/1,35	✕ Moriggl Hof	←	
19,00/0,10	✕	← Alsack	
19,80/0,80	✕	← Radweg nach St. Valentin	
20,85/1,05	✕	↑	
22,00/1,15	✕	↑	über Viehgitter
22,65/0,65	✕	↑	Hauptstr. folgen
23,25/0,60	✕	←	kleines Dorf
23,75/0,50	✕	↑	
24,05/0,30	Treffen auf Hauptstr.	→ Reschenpaß	
25,05/1,00	OE St. Valentin	↑ Reschen	
29,45/4,40	Graun	↑	
31,15/1,70		scharf → Klopair, Straße Nr. 27,5	
31,35/0,20	✕	←	Hauptstr. folgen
31,95/0,60	Klopair	→ hoch	
32,75/0,80	✕	↑	
33,20/0,45			schöner Ausblick
34,80/1,60	Gatter	zurück	Ende!!

AUF EINEN BLICK

Beim vorliegenden Kapitel bietet sich eine Art Rundreise von Reutte her kommend über den Brenner, die Brenner-Grenzkammstrasse und weiter über Jaufenpaß, Timmelsjoch, Landeck und wieder zurück nach Südtirol über den Reschenpaß an. Da wir laufend grenzüberschreitend zwischen Österreich und Südtirol unterwegs sind, werden die hier gegebenen Informationen allgemein gehalten und beziehen sich nicht spezifisch auf ein Land.

Sehenswürdigkeiten

In erster Linie die schmucken Dörfer mit ihren alten, malerischen Kirchen, die überall am Weg liegen. Kloster Marienberg in Südtirol ist mehr als nur einen kurzen Abstecher wert.

Freizeit / Sport

Imst in Österreich hat sich seit einigen Jahren zum Rafting-Zentrum der ganzen Region entwickelt. Fast täglich starten im Sommer Fahrten auf der Ötz, der Sanna und durch die Imster Schlucht. Informationen gibt es vor Ort. Das Ötztal und die anderen Täler bieten hervorragende Möglichkeiten zum Paragleiten, Wandern und Bergsteigen. Hoch über dem Reschenpaß befindet sich ein anspruchsvoller Klettersteig. Im Winter ist die beschriebene Region ein Eldorado für Skifahrer, Ski-Alpinisten und Langläufer.

Offroadfahren

Beschränkt sich bis auf wenige Ausnahmen auf On-Road-Strecken, die aber trotz der Asphaltdecke landschaftlich zu einem Hochgenuß zählen. Vor allem an den Wochenenden im Sommer äußerst reger Verkehr durch Motorradfahrer, die es meist, auch in unübersichtlichen Kurven, sehr eilig haben. Denken wir für sie mit!

Reisezeit

Frühjahr und Herbst, den Sommer besser meiden. Ab Oktober kann in den Hochlagen schon wieder der erste Schnee liegen.

Einreise

Personalausweis oder Reisepaß ist völlig ausreichend.

Anreise

Ausgangspunkt unserer beschriebenen Tour ist Reutte in Tirol, das über die Autobahn A7 in Richtung Kempten und weiter über Nesselwang zu erreichen ist. Alternativ kann die Brenner-Grenzkammstraße über die Brenner-Autobahn (teuer!) erreicht werden. Vorsicht: Wenn die Autobahn benutzt wird, die letzte Ausfahrt auf der österreichischen Seite vor der Grenze nehmen und weiter auf der Landstraße zum Einstieg fahren.

Verständigung

Im Grenzgebiet ist Deutsch überall gängige Sprache.

Unterkunft

Alles vertreten, von schönen Hotels bis zu einfachen, aber sauberen Privatzimmern (ab 30 Mark pro Person inklusive Frühstück). Ein Tip: bei der Anfahrt zum Timmelsjoch von der italienischen Seite steil hinunter nach Rabenstein. Dort schönes, altes Gasthaus. Bei Reutte lockt das Hotel "Linserhof" mit einem kleinen Badesee (Telefon: 0043/5412/2415). Nicht billig, aber herrlich gelegen.

In Begleitung geht´s am besten.

Verpflegung

Supermärkte überall vorhanden. Besser aber guten Speck, Schinken, Spaghetti und einen selbstgemachten "Roten" in einem der unzähligen Gasthäuser, vor allem auf der italienischen Seite.

Bekleidung

Achtung: Hochgebirge, am Timmelsjoch immerhin fast 2500 Meter hoch, kalter Wind kann auch im Hochsommer pfeifen. Deshalb immer eine warme Jacke, feste Schuhe und einen Regenschutz ins Gepäck.

Devisen

In Österreich Schilling (DM 100 ca. 690 Schilling); in Italien Lira (DM 100 ca. 110 000 Lira).

Benzin

In beiden Ländern etwas teurer als in Deutschland. Alle Sorten in genügendem Ausmaß erhältlich.

Karten / Literatur

Für Südtirol hat sich die ADAC-Karte "Südtirol" im Maßstab 1:150 000 bewährt.

Informationen

In allen größeren Orten gibt es regionale Informationsbüros, die über ausgezeichnetes Info-Material in deutscher Sprache verfügen.

Kloster Marienberg liegt in idyllischer Lage.

Fahrt auf der Brenner Grenzkammstraße.

- Abenteuer
- Clubszene
- Tips & Trends
- News & Fakten
- Zubehör & Tests

Faszination Geländewagen

Nur 4,50 DM

SLOWENIEN

Mautstelle am Mangart

"Schönste Schotterpiste der Ostalpen" - so stand es noch im Jahr 1994 in einem führenden Magazin für Off-Roader zu lesen. Und andere Autoren schwärmten in der jüngsten Vergangenheit in ihren Artikeln geradezu schwülstig von herrlicher Kurbelei, imponierenden Steigungsmaxima und einer schwierigen Route. Gemeint war die Piste hinauf zum Mangart in den Julischen Alpen. Gewiß, schön und landschaftlich beeindruckend ist die Strecke auch heute, im August 1995, noch, doch fallen vermehrt Wermutstropfen in den Becher mit der Mixtur Abgeschiedenheit, Einsamkeit und Einzigartigkeit. Da sind nicht nur die unzähligen Personenwagen, die sich inzwischen auf dem Mangart tummeln und eine Piste, die problemlos zu befahren ist. Nein, da ist auch der junge Mann an Kilometer 9,85. Der freundliche Slowene macht einem unmißverständlich klar, daß er berechtigt ist, abzukassieren. 300 Tolar sind fällig, will man weiterfahren. Dafür bekommt man aber auch eine Quittung. "Mit der Zahlung der Parkgebühr haben Sie zum Naturschutz im Mangart-Gebiet beigetragen." So zahlen wir gerne den geforderten Obulus.

Reger Verkehr

Eigentlich eine löbliche Sache, wollen wir Off-Roader doch nicht immer als Umweltsünder dastehen, wenn wir mit unseren Wagen auf abgelegenen Pisten unterwegs sind. Davon kann am Mangart keine Rede mehr sein. Mehrere ausgeschilderte Parkplätze oberhalb der "Mautstation" sind gut belegt - obwohl es Bindfäden regnet. Die Fahrer haben sich an die Anweisungen auf der Quittung gehalten: "Stellen wir die Kraftfahrzeuge nur auf den dafür bestimmten Plätzen ab." Und weiter: "Beachten wir die bestehende Verkehrsregelung." Na gut, dann fahren wir den Gipfelrundkurs halt rechtsherum, denn, so informiert uns der Vermerk auf der Quittung: "die Straße ist für ein fließendes Treffen der Fahrzeuge nicht breit genug. Aus diesem Grund sind Vorsicht und Gebrauch der Ausweichstellen geboten."

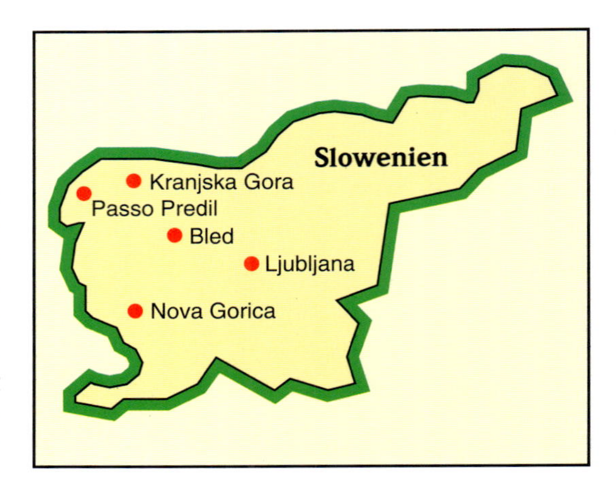

Wir halten uns natürlich an die Anweisungen, wären überhaupt nicht überrascht, wenn hinter der nächsten Kurve ein Uniformierter auftauchen und eine Fahrzeugkontrolle vornehmen würde. Eigentlich keine utopische Vorstellung, denn die Mangartstraße kann schließlich mit dem Superlativ aufwarten, die höchstgelegene Straße Sloweniens zu sein. Halt, wozu haben wir denn die Quittung, die uns die nötigen Informationen auf einen Blick liefert: "Maximale Meereshöhe: 2100 Meter; Länge (von Strmec bis Mangart-Sattel): 12,220 Kilometer; Anzahl der Serpentinen: 22." Wir erfahren auch, daß der Mangart mit seinen 2679 Metern zu den höchsten Berggipfeln der Julischen Alpen gehört und einen außerordentlich schönen Ausblick bietet. Wir glauben dies unbesehen, denn unser Ausblick ist miserabel. Er reicht gerade einmal so weit, die Hände noch vor Augen sehen zu können.
Ach ja, zum Gipfel führen zwei markierte Wege. Der sogenannte Slowenische Weg führt über eine Felswand und ist für jene, "die an Schwindel leiden," nicht geeignet. Der Italienische Weg ist sanfter geneigt und eignet sich gut für den Abstieg. Eigentlich wollten wir den Gipfel besteigen, doch das Wetter macht uns dabei ebenso einen Strich durch die Rechnung, wie beim Beobachten der zahlreichen Tiere, die es hier noch in Hülle und Fülle geben soll: Gemsen, Murmeltiere und Alpensegler. "Wir danken Ihnen herzlich für Ihren Beitrag (in Höhe von 300 Tolar!

Slowenien ist ein kleines Allrad-Paradies.

Anmerkung des Verfassers!). Ihre Mangart-Entwicklungsgenossenschaft." Mit dem Abschiedsgruß der Quittung vor Augen und der Horrorvision, daß bald an allen Off-Road-Pisten Mauthäuschen stehen werden, verlassen wir das Gebiet. Natur- und Umweltschutz haben in Slowenien eine lange Tradition und einen hohen Stellenwert in der Gesellschaft. Schon vor fast 100 Jahren begann man damit, die besondere Arten- und Biotop-Vielfalt zu schützen. Neben Naturdenkmälern, Landschaftsparks und Regionalparks gibt es in Slowenien auch einen Nationalpark, nämlich den 84 000 Hektar umfassenden Triglav-Nationalpark.

Lipica - ein Muß für Pferdefreunde

Für Pferdefreunde ist das Lipizzanergestüt von Lipica ein Muß. Die Zucht von Reit- und Zugtieren begann hier vor über 400 Jahren, als Erzherzog Karl im Jahre 1580 anfing, ein Gestüt anzulegen. Aus der Kreuzung von andalusischen Hengsten und heimischen Karststuten entwickelte sich im Laufe der Zeit die Lipizzaner-Rasse, die vor allem durch die Wiener Hofreitschule bekanntgeworden ist. Die Pferde bekommen aber nicht alle die typisch weiße Fellfarbe. Ohnehin ist es so, daß die Pferde als Fohlen erst einmal grau, braun oder schwarz sind. Erst im Alter von einigen Jahren ändert sich die Farbe, doch nur die schneeweißen Tiere haben überhaupt eine Chance, in die Hofreitschule aufgenommen zu werden. In der Vergangenheit haben die Kriege das Gestüt immer wieder an den Rand der Ausrottung gebracht. Die Tiere wurden dabei teilweise bis nach Ungarn ausquartiert, um den Bestand zu sichern. Nur elf von 230 ins Exil gebrachte Lipizzaner überlebten den Zweiten Weltkrieg und bildeten später den Grundstock für das heutige Gestüt von Lipica. Zum Leidwesen der Slowenen bezieht die Wiener Hofreitschule heute die meisten ihrer Tiere nicht mehr aus Lipica, sondern aus einem eigenen Gestüt in Piber (Steiermark). Führungen in Lipica finden in der Hauptsaison täglich mehrmals statt.

Nein, Sie müssen jetzt mit Ihrem Geländewagen nicht an der Grenze umkehren oder einen großen Bogen um das Land machen. Ganz im Gegenteil: Slowenien ist sicherlich eines der lohnendsten, interessantesten und abwechslungsreichsten Gebiete für einen Urlaub mit dem Geländewagen. Herrliche Schotterpisten führen in enge, einsame Seitentäler, frei befahrbare Forststraßen schlängeln sich kilometerlang und mit schier zahllosen Verzweigungen durch die dichten Wälder oder die Karstgebiete und im Grenzgebiet zu Italien lockt immer noch so manche alte, verfallene Militärstraße.

Wir nehmen zuerst das Soca-Tal unter die Räder. Der Vrsic-Paß ist offen, so verheißen es zumindest die Schilder. Im Winter ist dies nicht immer so. Doch es ist Sommer und überall am Wegesrand parken Autos mit Kanus und Kajaks auf dem Dach. Die Soca gilt nicht zu unrecht als einer der schönsten Wildflüsse in Europa. Doch wir haben nicht viel Muße, dem schäumenden und tobenden Wasser und den "Wellenreitern" in ihren schmalen, zerbrechlich aussehenden Booten zuzuschauen. Zu sehr nimmt und die Arbeit am Lenkrad in Anspruch. In 27 engen Kehren schrauben wir uns bergan. Immer wieder herrliche Aussichtsbalkone ins obere Trenta-Tal.

Die Trasse ist kühn in die Landschaft gelegt. Auch der Vrsic-Paß ist, wie so viele Paßstraßen in den Alpen, eine ehemalige Militärstraße, eine Piste, die während des Ersten Weltkriegs von den Österreichern erbaut wurde, um den Nachschub für die blutig umkämpfte Isonzo-Front zu sichern. Der Krieg als Baumeister und Wegbereiter für die Touristen von heute. Kaum einer macht sich dabei Gedanken darüber, wieviel Leid allein in einer Straße wie dem Vrsic-Paß steckt. Auch für uns ist es heute eher ein Vergnügen, die Nordrampe hinunter zu fahren. Nochmals 24 Kehren, diesmal kopfsteingepflastert und inmitten von dichten Mischwäldern. Nur gut, daß eine kleine Kapelle am Wegesrand an die russischen Kriegsgefangenen erinnert, die beim Bau dieser Straße ihr Leben lassen mußten.

Vrata-, Krma- oder Radovna-Tal. Wer die Wahl hat, hat die Qual. Doch halt: kurz hinter Kranjska Gora sollte man vorher noch einen Abstecher in die Berge machen. In dem kleinen Dorf Gozd Martuljek zweigt eine steile, in den Fels

Verfallene Gebäude haben auch ihren Reiz.

gehauene Straße zum Bergdorf Srednji Vrh in den Karawanken ab. Besonders eindrucksvoll präsentiert sich von dieser Aussichtswarte die bis zu 2500 Meter hohe, zerklüftete Martuljek-Gruppe. Ab ins Tal. Eigentlich kann man bei der Auswahl der Strecken rund um Kranjska Gora nichts falsch machen. Das kleine Sträßchen ins Vrata-Tal überwindet eine 25prozentige Steigung und endet fast unmittelbar vor der 1500 Meter hohen Nordwand des Triglav, in dem die ehemals heidnischen Slowenen eine dreiköpfige Gottheit sahen. Mit einem Haupt wachte diese Gottheit über den Himmel, mit dem zweiten über die Erde und mit dem dritten über die Unterwelt. Vielleicht sollte der gute Mann noch ein viertes Haupt bekommen, mit dem er über das Wetter wachen kann, denn wir haben schon wieder einen miserablen Tag erwischt. Egal, die Piste ins Radovna-Tal führt immer an einem kleinen, völlig naturbelassenen Fluß entlang, der als eines der besten Forellengewässer Sloweniens gilt. Und bei Regen sollen die Fische angeblich am besten beißen. Deshalb sehen wir öfters mal einen Petrijünger bis zu den Knien im Wasser stehen. Es ist eine malerische Tallandschaft: sattes Grün, gepflegte Häuser und zufriedene Kühe - so hat es wenigstens den Anschein.
Kurz vor Bled schlagen wir uns in südlicher Richtung in die Büsche. Die Pokljuka-Hochebe ist ein lohnendes Ziel, vor allem für Beeren- und Pilzsammler. Betörend liegt der Geruch von frischen Pilzen in der Luft, ganze Heerscharen von Slowenen sind in ihren fast unvermeidlichen Trainingsanzügen und mit Körben auf der Jagd nach Steinpilz und Pfifferling. Uns interessieren eher die schmalen Kiesstraßen, die sich entlang der

Südkante der Hochebene durch den dichten Wald ziehen und immer wieder herrliche Tiefblicke ins Tal der Wocheiner Save erlauben. Alte Sennhütten und die für diese Gegend typischen Heuhaufen bestimmen das Bild. An fast fünf Meter hohen Holzgestellen trocknet das frische Heu. Ein kleines Dach aus richtigen Dachplatten schützt das Heu vor dem Regen. Verkehrsschilder warnen vor Kröten und Kühen. Ob es die planwirtschaftliche Vergangenheit des Landes ist, daß auf manchen Schildern die Kühe Euter wie kleine Milchkübel haben? Jedenfalls gibt es auch Schilder, auf denen die Kühe wirklichkeitsnähere Euter besitzen.

Wir fahren weiter in Richtung Süden, in Richtung Italien und Meer. Das Karstgebiet lockt, ein Gebiet, dessen Vegetation sich alle paar Kilometer ändert. Der Buchenwald weicht allmählich Eichen, Kastanien und Eschen. Die Landschaft wird zusehends trockener, je weiter man sich dem Meer nähert. Steineichen, Wacholder und Lorbeer überziehen die Karsthügel, die Vegetation duckt sich immer mehr, bis sie in einer Macchia endet. Doch im Gegensatz zu den klassischen Karstgebieten, beispielsweise in Dalmatien, ist der Karst in Slowenien eine fruchtbare Region. Üppig wuchert das Grün; Wein-, Obst- und Gemüseanbau bestimmen das Bild.

Die typische Karstlandschaft findet sich bei einem Abstecher hinauf zum Nanos. Der Ausflug auf einer alten, ungeteerten Militärstraße entpuppt sich als äußerst lohnenswerte Tour zu einem fantastischen Aussichtsberg. Doch eigentlich ist es gleichgültig, welche kleine Straße man hier im Karst unter die Räder nimmt. Überall gibt es viel zu entdecken, sei es die Natur in ihren herrlichsten Farben, seien es alte, malerische Dörfer. Keineswegs entgehen lassen sollte man sich dabei das Dorf Vipavski Kriz, ein typisches Beispiel der Architektur dieser Region. Wie die meisten anderen Dörfer, liegt auch Vipavski Kriz auf einem Hügel und wird von einem imposanten Kirchturm überragt. Früher war der Ort durch eine Burg geschützt, von der heute leider nur noch eine Ruine erhalten ist.

Jürgen Hampel

Lipica mit seinen Lipizzaner-Pferden ist einen Besuch wert.

GZ EE 720

Roadbook I

Mangart

km	Ort	Richtung	Bemerkung
0,00	Grenze Passo Predil	Slowenien	0 = Slowenische Grenze
1,38/1,38	Y	←	schmale Teerstr.
2,00/0,62			über Brücke
3,65/1,65	Y	↑	teilweise gleicht die Straße einem Waschbrett
5,15/1,50	Y	←	
5,30/0,15			durch Tunnel
6,40/1,10			durch Tunnel
7,30/0,90			durch Tunnel
7,50/0,20			durch Tunnel
9,85/2,35			Maut 300 Tolar unbeleuchteter Tunnel
10,30/0,45		↑	links geht es zur Berghütte Pot Maugrtom
11,68/1,38	Y	→	Gipfelrundkurs
13,40/1,72	Y	gleiche Strecke zurück ins Tal	Ende vom Gipfelrundkurs Ende!!

Anschluß an Roadbook II möglich.

Wo bitte geht´s weiter?

Roadbook II

Vom Passo Predil kommend, südlich, Richtung Kranjska Gora

km	Ort	Richtung	Bemerkung
0,00	✕	←	
1,38/1,38	OA Kal Koritnica		
6,30/4,92	OA Podklanec		entlang der Soca
7,40/1,10	✕	↑	
8,95/1,45	OA Soca		
17,85/8,95	OA Trenta		
21,70/3,85			Serpentinen.Fast 50 Kurven über Vrsic-Paß
31,25/9,55	Paßhöhe		
42,60/11,35	OA Kranjska Gora		Ende!!

Roadbook III

Von Kranjska Gora in Richtung Bled. Abstecher zum Bergdorf Svednij Vrh. Achtung! Enge, herrliche, in Fels gehauene Onroad-Strecke. Bei Regen ist Steinschlag möglich!

km	Ort	Richtung	Bemerkung
0,00	Kreuzung bei Gozd Martujek		ist ausgeschildert!
0,10/0,10	Y	←	
0,20/0,10			über Brücke
2,05/1,85	✕	←, ← halten	Schotter! Ende!!

Roadbook IV

Von Kranjska Gora nach Bled (Vrata-Tal)

km	Ort	Richtung	Bemerkung
0,00	OA Dovje/Mojstrana		
0,30/0,30	✕	→ Vrata	
1,20/0,90	OA Mojstrana		rechts über Brücke
1,52/0,32	Y	→ Aljazevdom	
1,68/0,16	Y	←	
2,30/0,62	Y	→ Aljazevdom	
2,56/0,26	OE Mojstrana		
3,55/0,99			Beginn Schotter
6,10/2,55			Jausenstation
6,50/0,40			Beginn Steigung 25 %
7,65/1,15	Y	→	
7,80/0,15	✕	↑	
9,45/1,65	Y	←	Hauptpiste folgen
11,65/2,20	Aljazevdom	gleichen Weg zurück bis Mojstrana	Hütte Ende!!

Anschluß an Roadbook V ist möglich.

Roadbook V

Mojstrana - Bohinjska/Bistrica, aus dem Vrata-Tal kommend

km	Ort	Richtung	Bemerkung
0,00	OA Mojstrana		Hauptstr. folgen
1,00/1,00	✕	→ Jesenice	
1,15/0,15	✕	→ Bled/Krma	
1,25/0,10	✕	→	
1,43/0,18			Beginn Schotter
1,58/0,15	OE Mojstrana		Hauptpiste folgen
2,00/0,42	Y	←	
3,25/1,25			Ende Schotter neuer Teerbelag
4,65/1,40	Y	←	Beginn Schotter
5,90/1,25	Y	→	verwittertes Holzschild "Bled"
6,25/0,35	✕	← Bled	
7,10/0,85	✕	↑	Hauptpiste folgen
10,90/3,80	über Brücke	dann → halten	
13,10/2,20	✕	↑	
15,20/2,10	✕	↑	
15,45/0,25	✕	↑	
17,55/2,05	✕	→	über Brücke Hauptstr. folgen Beginn Teer
18,00/0,45	✕	→ Zatrnik/Pokljuka	
18,25/0,25	OE Krnika		Hauptstr. folgen
27,25/9,00	✕	↑ Rudno polje	Hauptstr. folgen
29,65/2,40	✕	↑	
33,30/3,65	✕	→ Triglav/Lipance, ca. 200 m nach großem Gebäude →	auf Schotter Hauptpiste folgen
34,40/1,10	Y	→ Lipance	
36,86/2,46	✕	↑ Lipance	Mrzli Studenec 8 km
37,50/0,64		→	
38,85/1,35	✕	↑	Hauptpiste folgen
40,60/1,75	✕	↑ Bled/Bohinjska	Hauptpiste folgen
43,25/2,65	✕	←	Treffen auf Teerstr.
43,42/0,17	✕	→ Gorjuse/Koprivnik	Schotter
47,15/3,73	✕	↑	Hauptpiste folgen
49,15/2,00	✕	↑	
49,70/0,55	✕	↑	
50,10/0,40	OA Gorjuse		Teer, Hauptstr. folgen
51,15/1,05	✕	↑	
52,63/1,48	OA Koprivnik		
55,50/2,87	✕	↑	Hauptstr. folgen
58,74/3,24	OA Jereka		durch Ort, Hauptstr. folgen
59,85/1,11	✕	→ Boh. jezero	

Herrliche Strecken in einem faszinierenden Land.

km	Ort	Richtung	Bemerkung
61,05/1,20	OE Cesnjica		
61,60/0,55	OA Srednja vas		schöne Kirche!
64,75/3,15	OA Stara Fuzina		
66,38/1,63	OA Ribcev Lav		See Bohinjsko jezero
66,53/0,15	✕	←	
68,50/1,97	OA Polje		Hauptstr. folgen
72,35/3,85	OA Bohinjska Bistrica		Ende!!

Anschluß an Roadbook VI ist möglich.

Roadbook VI

Von Bohinjska Bistrica nach Podbrdo.

km	Ort	Richtung	Bemerkung
0,00	OE Bohinjska Bistrica	Tolmin	
2,05/2,05	OA Nemski Rovt	↑	
6,70/4,65	Y	→ Sorica/Tolmin	Schotter
8,85/2,15	✕	↑	Hauptpiste folgen
10,55/1,70	✕	↑	
11,15/0,60	✕	↑	
11,51/0,36			Beginn Teerstr.
15,60/4,09	Y	→ Tolmin	
16,15/0,55	✕	Tolmin/Podbrdo	Beginn Schotter
17,00/0,85			schöner Ausblick!
20,10/3,10			Beginn Teerstr.
20,40/0,30	✕	↑ Tolmin	
23,85/3,45	OA Podbrdo		Ende!!

Über Tolmin in Richtung Kobarid, dort ist Anschluß an Roadbook VII möglich!

Roadbook VII

Livek Militärstraße. Von Tolmin kommend in Richtung Kobarid.

km	Ort	Richtung	Bemerkung
0,00	OA Idrsko		
0,20/0,20	✕	← Livek	
4,65/4,45	OA Livek		
5,35/0,70	✕	← Livske Ravne	
8,67/3,32		← halten	hoch!
9,15/0,48			Beginn Schotter
10,15/1,00	✕	↑	
14,10/3,95	Y	→	
14,30/0,20	Y	←	geradeaus geht es zum Grenzübergang!Nur für Einheimische!

km	Ort	Richtung	Bemerkung
15,58/1,28	Y	→	
17,35/1,77			Schlagbaum, ehemalige Grenze!
18,75/1,40	Y	→	
20,60/1,85	OA Pusno	↑	rotes Schild am ersten Haus links
21,25/0,65	OA Sreonje		
21,60/0,35	✕	←	Treffen auf Teerstr. Zum Friedhof gehts rechts. NULLEN!!!
3,00/3,00	Y	→	Hauptstr. folgen anschließend Ort Kambresko (kein Schild)
3,25/0,25	✕	→ Lig	Beginn Schotter
4,85/1,60	Y	←	immer Hauptpiste folgen
8,38/3,53	✕	↑ nicht Kostanjerica	Teerstr.
8,48/0,10	✕	→	
9,56/1,08	OA Lig		
9,85//0,29	✕ durch Dorf	→ am BB-Platz → halten und runter	
10,05/0,20	OE Lig		
10,44/0,39	✕	→	
11,25/0,81	✕	← nicht Melinki	
11,45/0,20	OA Lovisce		
12,80/1,35	OA Strmec		
13,30/0,50	Y	→	
14,00/0,70	OA Britof	↑ nicht Italija	
14,10/0,10	Y	→	Beginn Schotter Hauptpiste folgen
16,10/2,00	Y	→	
16,66/0,56	✕	↑	
18,75/2,09	OA Miscek		
18,95/0,20		↑	scharf rechts = Grenze
24,15/5,20	OA Golo Brdo		Treffen auf Teerstr.
24,55/0,40	✕	← Trgovina/Golo Brdo	an Haus
28,10/3,55	OA Senik		
28,58/0,48	✕	→	
29,90/1,32	✕	↑	
30,65/0,75	✕	↑	
33,71/3,06	✕	↑	
34,50/0,79	✕	→ Neblo	
36,28/1,78	OA Neblo		
36,65/0,37	✕	← Dobrovo	
37,50/0,85	✕	↑	immer Hauptstr. folgen
39,23/1,73	OA Dobrovo		
39,33/0,10	✕	← Nova Gorica	Ende!!

Roadbook VIII kann angefügt werden!

Roadbook VIII

Anfahrt zum Kras, der Karstlandschaft. Von Nova Gorica kommend in Richtung Bovec/Tolmin

km	Ort	Richtung	Bemerkung
0,00	✕	→ Lokve	
2,95/2,95	✕	↑	zwei Möglichkeiten: zur Wallfahrtskirche Sveta Gora links, ist einen Besuch wert! unsere Tour geht ↑
3,05/0,10	Y	→ Lokve	
6,20/3,15	✕	↑	
6,90/0,70	✕	↑	
8,55/1,65	✕	↑	
11,13/2,58	OA Trnovo		
11,53/0,40	✕	→ Rijavci	
12,31/0,78	✕	↑	
12,60/0,29	Y	→	
13,60/1,00	OA Rijavci		Hauptstr. folgen
13,80/0,20			Schotter
14,87/1,07	Y	←	
15,10/0,23	✕	↑	
15,27/0,17	Y	→	Hauptpiste folgen
16,15/0,88	Y	→	
16,85/0,70	Y	↑	
17,55/0,70	✕	→	Ri Caven (steht am Brunnen) ✕ mit Häusern Teerstr. folgen
18,52/0,97			Schotter
18,62/0,10	Y	→	
20,50/1,88	Y	↑	
20,55/0,05	Y	→	
21,30/0,75			rechts zwei Häuser
22,66/1,36	✕	↑	
24,20/1,54	Y	→	
26,35/2,15	✕	↑ Predmeja	Jausenstation
26,90/0,55	✕	↑	Teer
27,50/0,60			Schotter, Hauptpiste folgen
28,53/1,03	✕	↑	
28,58/0,05	Y	↑	
30,45/1,87	Y	→ Predmeja/Ajdovscina	
31,25/0,80	Y	→	
32,52/1,27	✕	↑	
33,10/0,58	✕	→ Ajdovscina	Teer
40,00/6,90	OA Lokavec		Hauptstr. folgen
42,95/2,95	OE Lokavec		
43,16/0,21	✕	↑	
44,05/0,89	✕		Treffen auf Hauptstr. Ende!!

Anschluß an Roadbook ist IX möglich !

Roadbook IX

Hauptstr. von Vipava nach Nova Gorica. Kilometer Null ist die Kreuzung nach Vip. Kriz.

km	Ort	Richtung	Bemerkung
0,00	✕	Vipavski Kriz	
0,30/0,30	Y	←	
0,90/0,60	✕	→	
1,10/0,20	OA Vipavski Kriz	auf demselben Weg zurück	ist einen Besuch wert!
1,30/0,20	Y	←	
1,90/0,60	Y	→	
2,15/0,25		←	Treffen auf Hauptstr.
2,35/0,20	OA Cesta		
2,85/0,50	OE Cesta		
4,33/1,0,48	OA Dobravlje		
5,82/1,49	OA Potoce		
6,11/0,29	✕	← Branik/Brje	
7,60/1,49			über Bahnlinie
8,30/0,70	✕	↑	
10,85/2,55	OA Preserje		
10,95/0,10	✕	↑	
11,10/0,15	OE Preserje		
12,22/1,12	✕	← Sezana	
12,62/0,40	Y	→ Komen	
13,10/0,48	Y	←	Hauptstr. folgen
16,60/3,50	✕	↑	
20,30/3,70	✕	↑ = OA Komen	
20,80/0,50	✕	→, scharf → (fast zurück)	Hauptstr. folgen
23,65/2,85	OA Skrbina		
24,35/0,70	Y	←	
26,31/1,96	✕	← nicht nach Lipa rein	
26,56/0,25	✕	↑ Lipa	
26,90/0,34	Y	←	
28,68/1,78	✕	↑	
29,10/0,42	Y	↑	
29,50/0,40	OA Novelo		
31,40/1,90	OA Kostanjevica		
31,75/0,35	✕	← Komen/Vojscica	
32,52/0,77	OE Kostanjevica		
34,40/1,88	✕	↑	
34,54/0,14	OA Vojscica		
34,65/0,11	✕	→ Sela	
35,10/0,45	Y	↑	
35,20/0,10			Schotter, Hauptpiste folgen
37,81/2,61		↑	
38,80/0,99	✕	← = OA Sela na Krasu	Teer
40,60/1,80	✕	←	

km	Ort	Richtung	Bemerkung
42,20/1,60	OE Brestovica		
44,25/2,05	✕	↑	
44,85/0,60		↑	
46,10/1,25	OA Klahec		
47,70/1,60	OA Gorjansko		
47,90/0,20	✕	→ Italija	
48,10/0,20	✕	↑, → halten, an Tankstelle vorbei, OE Gorjansko	
49,05/0,95	Y	← Dutovlje	
50,18/1,13	OA Brje pri Komnu		
50,38/0,20	Y	←	
50,80/0,42	OE Brje pri Komnu		
50,97/0,17		↑	
52,35/1,38		↑ Tublje	
53,58/1,23	OA Veliki Dol		
54,17/0,59	OE Veliki Dol		
55,70/1,53	Y	↑	
58,35/2,65	Y	↑	
60,33/1,98	OA Dutovlje		
60,63/0,30	Y	→ Sezana	
61,10/0,47	Y	← Sezana	
61,80/0,70	OE Dutovlje		
62,50/0,70	OA Tomaij		
63,88/1,38	OA Kriz		
64,22/0,34	✕	← Dobravlje	
65,95/1,73	Y	↑	
67,23/1,28	OA Dobravlje		
67,43/0,20	✕	→ Storje	
69,30/1,87	OA Kazlje		
72,95/3,65	✕	scharf ← vor der Hauptstr. Vrabce/Majcni	
73,35/0,40	OA Majcni		
74,38/1,03	✕	↑	
76,40/2,02	✕	←	
77,85/1,45	Y	→	
80,45/2,60	Y	← = OA Vrabce	
80,95/0,50	Y	→ Podnanos	
85,35/4,40	✕ mit Bundesstr.	Ende!!	

Anschluß an Roadbook X ist nahtlos möglich!

Roadbook X

Nanos. Bundesstraße in Richtung Postojna

km	Ort	Richtung	Bemerkung
0,00	OE Schild Podnanos	Postojna	
0,75/0,75	✕	← Nanos	
2,65/1,90			Beginn Schotter
7,20/4,55			Tunnel
9,25/2,05	✕	↑	rechts Gasthaus
9,55/0,30	✕	↑	
10,50/0,95	Y	←	
12,00/1,50	Y	←	
14,20/2,20	✕	↑	
15,00/0,80			kleine Siedlung
15,05/0,05	Y	←	

km	Ort	Richtung	Bemerkung
16,65/1,60	Y	→	
16,75/0,10	Y	←	
17,35/0,60	Y	←	
18,95/1,60	Y	←	
19,80/0,85		↑	Platz, auf Teer weiter
20,30/0,50			Teer-Ende Hauptpiste folgen
22,40/2,10	✕	→ Bukovje	Hauptpiste folgen
23,60/1,20	Y	→	
26,00/2,40	Y	←	
26,15/0,15	Y	← Bukovje	Holzschild rechts
28,35/2,20	✕	↑	
28,75/0,40	✕	↑	Hauptpiste folgen
30,40/1,65	✕	↑	
32,25/1,85	✕	↑	Teer, Hauptstr. folgen
33,35/1,10	OA Bukovje		
33,50/0,15	✕	↑	
33,65/0,15	✕	→ Postojna	Burg Predjamski grad
35,20/1,55	Y	→ Hrusevje	
35,60/0,40	Y	→	
37,00/1,40	OA Landol		
40,55/3,55	✕		Treffen auf Hauptstr. Postojna - Adjovscina Ende!!

Anschluß an Roabook XI ist möglich!

Roadbook XI

Bundesstr. von Postojna nach Koper. Null ist die Abzweigung links nach Triest/Rijeka.

km	Ort	Richtung	Bemerkung
0,00	Abzweigung	← Triest/Rijeka	zwei große Tankstellen
0,30/0,30	✕	→ Rijeka	
0,35/0,05	OA Hrpelje		
0,50/0,15			unter Eisenbahn durch
0,80/0,30	✕	→ Slavnik	
1,00/0,20			Beginn Schotter
1,15/0,15	✕	↑	
1,35/0,20	Y	↑ Hauptstr. folgen	
2,00/0,65	Y	↑	
4,20/2,20	Y	←	
9,45/5,25	Y	↑	
11,30/1,85			Berggasthaus ist am Wochenende bewirtschaftet Ende!!

AUF EINEN BLICK

Geografie

Slowenien liegt am südöstlichen Rand der Alpen und ist mit seinen rund 20 000 Quadratkilometern so groß wie Hessen. Die größte Ausdehnung von Westen nach Osten beträgt rund 250 Kilometer, von Norden nach Süden sind es in etwa 120 Kilometer. Slowenien wird von rund zwei Millionen Menschen bewohnt. Die Hauptstadt Ljubljana mit ihren 300 000 Einwohnern ist nicht nur die größte, sondern auch eine der ältesten Städte des Landes.

Geschichte

Das heutige Slowenien war schon in der Jungsteinzeit eine Durchgangsregion der verschiedenen Kulturen. Nach den Punischen Kriegen richteten die Römer ihr Augenmerk auf Istrien und die dalmatinische Küste. Etwa um 113 vor Christus kamen jedoch mit den Cimbern und Teutonen germanische Stämme in das Gebiet des heutigen Slowenien und verhinderten eine weitere Ausbreitung der Römer nach Osten. Erst unter Augustus dehnten die Römer ihren Machtbereich aus und errichteten Militärlager, Straßen und Brücken. Zur slawischen Besiedelung des Ostalpenraumes kam es, als die Langobarden 568 unter dem Druck awarischer Stämme Pannonien aufgaben und nach Italien übersiedelten. Der slawischen Einwanderung stand nichts mehr im Wege. Erst Karl dem Großen gelang es 796, die Awaren zu schlagen und sein Einflußgebiet bis an die Donau auszudehnen. Nach dem Niedergang des fränkischen Reiches wuchs der Einfluß Bayerns auf den Ostalpenraum. Durch die Raubzüge der Ungarn, die bis nach Süddeutschland eindrangen, wurde in der Folgezeit das heutige Slowenien stark beeinflußt. Erst nachdem Kaiser Otto die Ungarn bei Augsburg entscheidend geschlagen hatte, kehrte so etwas wie Ruhe ein. Während der Herrschaft der salischen Kaiser war Slowenien bis 1125 ein Teil Kärntens. Später wurde Slowenien habsburgisch und blieb es bis zum Ende der K.- und K.- Monarchie 1918. Danach schlossen sich die südslawischen Völker zu einem Bündnis der Serben, Kroaten und Slowenen zusammen. Nach dem Zweiten Weltkrieg wurde die Föderative Volksrepublik Jugoslawien ausgerufen, eine Vereinigung von Slowenien, Kroatien, Serbien, Bosnien-Herzegowina, Montenegro und Makedonien. Mitte der 80er Jahre wuchs in Slowenien die Kritik am bestehenden Jugoslawien, die Folge war eine Reform der slowenischen Verfassung. Im Jahre 1990 wurden die ersten freien Wahlen abgehalten, eine Volksabstimmung am 23. Dezember 1990 zur Frage der Selbstbestimmung endete mit einem klaren Votum: 88 Prozent stimmten für die Unabhängigkeit, die am 26. Juni 1991 rechtlich vollzogen wurde. Heute ist Slowenien eine selbständige demokratische Republik.

Einsame Pfade.

Landschaft

Landschaftlich kann Slowenien in drei Gebiete unterteilt werden: dem alpine Teil im Nordwesten und Norden, dem Tieflandbereich im Osten und dem Mittelgebirgsbereich im Süden und Südwesten. Zum alpinen Teil gehören die Julischen Alpen mit dem 2864 Meter hohen Triglav, die Karawanken und die Steiner Alpen. Markant für den Tieflandbereich ist die Pannonische Tiefebene, das gewaltige Stromgebiet von Donau und Theiß, während im Mittelgebirgsbereich eine karstige Formation vorherrscht.

Kunst / Kultur

Slowenien ist trotz seiner abgeschiedenen Lage ein kulturell blühendes Land. Tausende von Kirchen bestimmen das Landschaftsbild, das Land ist eine wahre Fundgrube für Liebhaber gotischer Schätze.

Freizeit / Sport

Die sauberen Flüsse und Seen sind ein Paradies für jeden Angler. Radfahrer finden auf den zahllosen Forststraßen ein Betätigungsfeld ohne Ende. Darüberhinaus sind Kanu- und Kajakfahren sehr beliebte Sportarten. Wanderer und Bergsteiger finden in den Julischen Alpen ihr Revier.

Offroadfahren

Neben zahlreichen unbefestigten Pisten und kleinen Sträßchen findet der Offroad-Freund in Slowenien noch zahlreiche Möglichkeiten, seinem Vergnügen nachzugehen, sei es auf alten Militärstraßen oder den Forststraßen, die zum überwiegenden Teil noch befahren werden dürfen. Übrigens: die Promillegrenze liegt bei 0,5 Prozent. Es besteht Anschnallpflicht, die Höchstgeschwindigkeiten liegen bei 100 km/h auf Schnellstraßen, 80 km/h auf Landstraßen und 60 km/h innerhalb von geschlossenen Ortschaften.

Reisezeit

Die Sommermonate sollte man am besten meiden, da Juli und August das Land überfüllt ist. So bieten sich Frühjahr (Blütezeit im Karst und in den Bergen) und Herbst (herrliche Laubfärbung) geradezu an. Im Winter können manche Pässe gesperrt sein.

Einreise

Zur Einreise genügt ein gültiger Personalausweis (EG-Bürger und Schweizer), Angehörige anderer Nationen benötigen einen gültigen Reisepass. Grüne Versicherungskarte wird an der Grenze genau kontrolliert.

Anreise

Slowenien ist durch den neuen Karawanken-Tunnel und einige Paßstraßen leicht zu erreichen, von Deutschland aus über die Salzburger-, bzw. die Tauern-Autobahn.

Verständigung

Amtssprache ist slowenisch, das sich in 36 Dialekte unterteilt. Anerkannte Minderheiten im Land sind Italiener und Ungarn, deren Sprachen in den entsprechenden Gebieten gleichberechtigt sind. Fast überall findet man jemanden, der auch Deutsch oder Englisch spricht.

Unterkunft

Von kleinen Campingplätzen (wildes Zelten wird geduldet) bis hin zu Luxusherbergen findet man in Slowenien alle Arten von Unterkünften. Den Touristen stehen im Land rund 90 000 Betten zur Verfügung. Ein Verzeichnis der Unterkunftsmöglichkeiten bekommt man bei den slowenischen Fremdenverkehrsämtern (Anschrift unter der Rubrik "Informationen"). Privatzimmer sind meist sauber und preiswert (DM 30 für ein Doppelzimmer).

Verpflegung

Supermärkte sind fast überall vorhanden, die Liste der Restaurants reicht von italienischer über ungarischer bis hin zu österreichischer Küche.

Bekleidung

Obwohl es im Sommer recht warm werden kann, empfiehlt es sich doch, auch einen warmen Pullover im Gepäck zu haben, vor allem, wenn man in den höheren Regionen unterwegs ist. Die Nächte können vor allem im Frühjahr und Herbst noch recht kalt und klamm werden. Regenschutz auch im Sommer nicht vergessen. Für Wanderungen empfiehlt es sich, gute Schuhe im Kofferraum zu haben.

Devisen

Ausländische Zahlungsmittel können in beliebiger Höhe eingeführt werden. Für 100 DM bekommt man rund 8000 Tolar, eine Währung, die in Deutschland bei den Banken nur schwer zu bekommen ist. In Slowenien selbst kann man mit der EC-Karte an den Bankautomaten Bargeld rund um die Uhr abheben.

Benzin

Der Sprit ist in Slowenien sehr günstig. Der Liter Diesel kostet rund 80 Pfennige, an den Wochenenden bilden sich an den Tankstellen in Grenznähe lange Staus, da Italiener und Österreicher zum Tanken über die Grenze kommen. Die Versorgung ist überall sehr gut. Auch auf dem Lande genügend Tankstellen.

Telefon

Von Slowenien nach Deutschland 9949, Österreich 9943, Schweiz 9941.

Zeit

In Slowenien gilt die MEZ.

Medizinische Vorsorge

Um in Slowenien behandelt zu werden, benötigt man den Auslandskrankenschein der eigenen Kasse. Die Versorgung entspricht westeuropäischen Standards. Die Apotheken sind gut ausgestattet.

Elektrizität

220 Volt. Die Stecker sind die gleichen, wie in Mitteleuropa.

Karten / Literatur

Gute Dienste leistet die Karte "Slowenien" von Freytag & Berndt im Maßstab 1: 250 000. Erste Eindrücke des Landes mit guten Tips und aktuellen Informationen enthält das Buch "Slowenien entdecken" von Egmont Strigl, erschienen in der Trescher-Reihe Reisen, Trescher Verlag, Berlin.

Informationen

Slowenisches Fremdenverkehrsamt, Lessingstraße 7-9, 61440 Oberursel, Telefon: 06171/641660, Telefax: 06171/641029.

PARIS-ST.RAPHAEL FEMININ 1992
TOUT TERRAIN
BRIDGESTONE
9058 MX 12

Jupiters Tränen wurden zu Granit

Göttervater Jupiters Tränen sollen es gewesen sein, die den Sidobre geschaffen haben. Die Legende über die Entstehung dieser eigenartigen Granitlandschaft im südwestlichen Frankreich basiert auf der Bedeutung des Namens im Griechischen, "himmlischer Regen". Doch so, wie die Felsen aus der Erde ans Tageslicht hervorbrechen, Wurzelwerk und Sträucher zur Seite drängen, lassen sie eher die Interpretation zu, daß es die Erdmutter ist, die diese Steine geboren hat.
Die seltsamen Formationen, teilweise einzeln stehende Felsblöcke, dann wieder wie mit Riesenhand dahingestreute Steinhaufen, sind vor etwa 290 Millionen Jahren entstanden. Diese Felsgebilde verteilen sich auf einem 100 Quadratkilometer großen Hochplateau über dem Agouttal im Departement Tarn. Mit dem Rückzug der Meere formten sich die Granite. In der Folge wirkte dann die Erosion ebenfalls gestalterisch an der Formgebung mit. Einige der großen Granite sind von Moos bewachsen, andere mit Flechten überzogen.

Die kleinen Unterschiede

Oft sind die Zeichen an den einzelnen Unterkunftsmöglichkeiten verwirrend. Die französische Variante von "bed & breakfast" heißt "chambre d'hote". Von diesen Privatzimmern mit Bett und Frühstück gibt es rund 10 000 in Frankreich. Hat dagegen die unter einem grün-gelben Zeichen der französischen Landkarte stehende Unterkunft den Zusatz "table d' hote", so kann man Halbpension erwarten. Diese Privatzimmer sind in der Organisation "Gites de France" zusammengefaßt. Einen ausführlichen Prospekt erhält man über: "Gites de France", Sachsenhäuser Landwehrweg 108, 60559 Frankfurt, Telefon: 069/683599. Der Prospekt kostet rund 27 Mark.

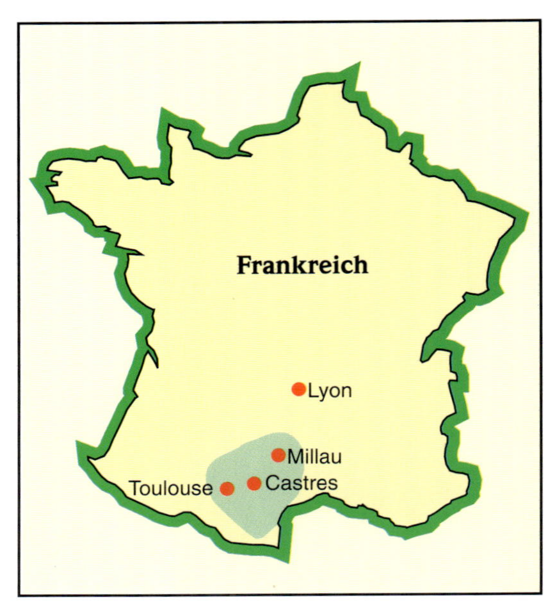

Manchmal sind Baumstämme mit den Felsen eine Symbiose eingegangen und Risse haben geheimnisvolle Felszeichnungen entstehen lassen.
Über dem Tal des Gijou, der in der Agout mündet, schieben sich die mächtigen "Labans" aus der Erde. Die riesigen Granitplatten wirken bei Regen aus der Ferne wie ein versteinerter Wasserfall. Hier, am Rand des Sidobre, lassen die mehrere hundert Meter hohen Felsflächen den mächtigen Granitunterbau der Landschaft erahnen. Auf dem Hochplateau selbst liegen auf manchen Wiesen zahlreiche, kleinere Granitblöcke verstreut, daß es aussieht, als würden steinerne Pilze wachsen. Dann wieder sind es größere Gesteinsformationen, die sich zu einem Felsenmeer gruppieren. Unter und über der Wasserfläche des "Lac du Merle", einem kleinen Stausee, wölben sich die Buckel von Felsen und sehen aus wie versteinerte Urtiere, die sich im Wasser tummeln.
Riesige Solitäre liegen zwischen Bäumen; im Sommer fast vollständig vom Strauchwerk bedeckt, ist erst im Herbst und Winter ihre ganze Masse den Blicken zugänglich. Das ganze Jahr über gut sichtbar ist dagegen das Wahrzeichen des Sidobre, der "Peyro Clabado". Der Felsen

Malerische Ortschaften finden sich überall im Midi.

von gut 780 Tonnen ruht auf der nur einen Quadratmeter großen Fläche eines anderen Steines und scheint die Naturgesetze Lügen zu strafen. Wie eine Tänzerin auf ihren Fußspitzen, so schwebt der massige Felsblock über seinem steinernen Untergrund. Er ist mit hunderten von kleinen Steinen bedeckt. Dem Volksglauben nach wird im gleichen Jahr noch Hochzeit halten, wem es gelingt, einen Wurfstein beim ersten Versuch so zu plazieren, daß er auf dem Haupt des Felsen liegen bleibt.

Im Kerngebiet des Sidobre, bei Lacrouzette, sind die bizarrsten Formationen zu finden, wenn auch um den Ort herum die Hartsteinindustrie Breschen in diese uralte Naturlandschaft schlägt. Naturschutz und kommerzielle Interessen prallen aufeinander und sind Anlaß für heftige Auseinandersetzungen bei den Anwohnern. Inzwischen ist geplant, daß der Sidobre unter den Schutz der UNESCO gestellt werden soll.

Die Felsformationen der Granite bewegte seit altersher die Phantasie der Menschen in diesem Gebiet, animierte sie zum Geschichtenerzählen. So ranken sich um viele Steine Legenden und Sagen. Einer der markantesten Felsen wird die Gans genannt, weil einst ein Zauberer sein ungehorsames Federvieh versteinert haben soll. Viele Steine haben im Laufe der Zeit Namen erhalten, so liegt ein riesenhafter Walfisch zwischen den Bäumen, blinzelt ein imaginärer Elefant mit seinem kleinem Auge oder ist es gar ein Mammuth, das die steinernen Stoßzähne zum Himmel richtet.

Andere Felsgebilde haben ihren Namen von zurückliegenden Ereignissen erhalten. An der vier Meter hohen Totenmauer stürzte einst ein Jäger zu Tode. "La Gleizo" heißt auf okzitanisch die Kirche. In der gleichnamigen, von aufragenden Felsen gebildeten Höhle, fanden während der Religionskriege die Protestanten Zuflucht. Ein gutes Jahrhundert später waren es die katholischen Priester, die sich hier vor den Revolutionstruppen in Sicherheit brachten.

Wie überhaupt in den Wirren aller Zeiten die Felsenlandschaft mit vielen Schlupfwinkeln den Bauern der Umgebung Schutz vor herumziehenden Raubrittern und Söldnern bot. Die Felsen bildeten, oft zu Hauf liegend, ein schwer zugängliches Labyrinth mit schmalen Zugängen, die sich leicht mit Ästen verbergen ließen. Von einem dieser Steinhaufen berichtet die Legende, daß hier eine kluge Magd den Teufel übertölpelte und ihn dazu brachte, die sich vor ihrem Haus auftürmenden Felsbrocken zu entfernen und an

Geheimtip unter den Granit-Riesen

Das Sidobre ist eine der ungewöhnlichsten Landschaften Frankreichs. Riesige Granitsteine in den eigenartigsten Formen stehen hier auf einer kleinen Fläche. Mal glaubt man einen Dinosaurier zu erkennen, dann ist die Bezeichnung "Billardkugel" gar nicht so verkehrt. Wahrzeichen der Gegend ist der "Peyre Labado", eine Formation, die der Schwerkraft zu trotzen scheint. Eine riesige Granitkugel balanciert auf einem anderen Kegel.

Der Schwerkraft zum Trotz: Steine im Sidobre.

Gilbert Houles ist hier zu Hause. Geboren in einem kleinen Haus mitten im Sidobre suchte er sich zuerst Arbeit in den Großstädten, doch vor einigen Jahren zog es ihn wieder in seine Heimat zurück. Er baute sein Elternhaus zu einer "Auberge" um, einem kleinen Restaurantbetrieb mit fünf Zimmern, nur einen Steinwurf von den Sehenswürdigkeiten des Sidobre entfernt. Das Zimmer, in dem er geboren wurde und aufwuchs, dient heute als Speiseraum. Das Essen ist hervorragend, Gilbert verwendet nur frische Zutaten, die er täglich vom Markt holt. Da seine Auberge nur wenige Zimmer hat, muß fast immer vorbestellt werden, wenn man übernachten will. Die Menüs beginnen bei rund 90 Francs, das Doppelzimmer kostet rund 170 Francs, Frühstück 20 Francs extra.

Auberge de Cremoussel en Sidobre, Gilbert Houles, 81210 Lacrouzette, Telefon: 63506133.

deren Stelle eine Quelle sprudeln zu lassen. Die Geschichten werden noch heute gerne erzählt und auch weitergegeben. Der Phantasie sind bei dem Anblick der bizarren Felsen keine Grenzen gesetzt, da findet sich ein Schwein, der Hut des Pfarrers und ein zehn Meter hoher Holzschuh. "Les Hanches", die Hüften, lautet die Bezeichnung für einen Felsen, dessen Form jedoch eher an den darunter liegenden Körperteil erinnert. Bleibt zu hoffen, daß es den Bewohnern der Region gelingt, einen Weg zu finden, die ausufernde Hartsteinindustrie einzudämmen. Ohne eine Einschränkung des Granitraubbaus sind alle diese seltsamen Felsen, die Jahrtausende überdauerten, höchst gefährdet. Wie viele andere schon, könnten auch sie, zersägt und behauen, als Grabsteine auf einem Friedhof enden.

Verlassene Häuser

Wo früher noch zahlreiche Weiden waren, dehnt sich mittlerweile ein Waldgebiet, Strauchwerk hat die Felsenlandschaft zurückerobert, Resultate der Landflucht. Noch vor einigen Jahrzehnten zogen Schafherden über das Hochplateau und hielten das Unterholz frei. Ginster und Heidekraut bedecken inzwischen die wenigen freien Flächen. Auch der verlassene Weiler Crémoussel zeugt von der tiefgreifenden Veränderung, hervorgerufen von der Abwanderung der Menschen in die Städte.

Zwei der Häuser, in denen einst Kleinbauern zu Hause waren, sind völlig von Sträuchern und Hecken überwuchert. Aus der eingestürzten Scheune wachsen Bäume hervor, die Treppen sind unter Strauchwerk verborgen, auch der alte Backofen ist völlig zusammengefallen. Eine leicht abschüssige Felsplatte oberhalb diente den einstigen Bewohnern als Dreschplatz für Roggen und Buchweizen. Durch ein leichtes Gefälle konnte das Naturgebilde praktisch genutzt werden. Dank der Schwerkraft ließ sich an dieser Stelle leicht die Spreu vom Korn trennen. Inzwischen bringen ein restauriertes Haus und eine einladende Landgaststätte (siehe Tip links) neues Leben an den verlassenen Ort. Crémoussel ist auch der Ausgangspunkt für einen gekennzeichneten Rundwanderweg durch das Kerngebiet des Sidobre.

Moniker Kleppinger

Malerische Ausblicke allerorten.

Roadbook I

Von Millau auf der D 992 nach Roquefort s.S.

km	Ort	Richtung	Bemerkung
0,00	Käserei Roquefort s.S. Parkplatz Le Papillion Societe ←		
0,30/0,30	Tournemire	→	
0,67/0,37	✕	↑	
1,01/0,34	OE Roquefort s.S.		
2,31/1,30	Anfang Tournemire		
3,32/1,01	Y St. Eulalie	←	Hauptstr. folgen
7,95/4,63	in Rechtskurve	← Piste	Hauptpiste folgen
8,85/0,90	Y	←	Hauptpiste folgen
9,15/0,30			links Aussicht über den Cirque de Tournemire
9,53/0,38	Dreier Y	Mitte	
9,73/0,20	Y	←	
9,77/0,04	Y	→	
9,87/0,10	Dreier Y	→ (nicht am Klippenrand weiterfahren) gleich wieder → an Strommasten	
10,06/0,19		unter Stromleitung durch	Hauptpiste folgen
10,45/0,39	Y	←	
11,36/0,91		zurück auf gleicher Piste	schöne Aussicht auf Templer-Stadt
11,70/0,34	Y	←	
12,95/1,25	Y	← runter	
13,53/0,58	✕	←	
13,67/0,14	✕	→	
14,54/0,87	✕	↑	
15,70/1,16		→	Loch im Fels
16,32/0,62	Y	→	
16,95/0,63	Y	←	rechts Hochspannung
17,19/0,24			unter Hochspannung durch
17,43/0,24	✕	←	
17,52/0,09	Y	→	
18,30/0,78			Hauptpiste folgen
18,92/0,62	✕	← Teerstr.	
19,45/0,53		→ Schotter/Hauptpiste	links Kilometerstein 18
19,80/0,35	Y	→	
20,12/0,32	✕	ganz →	
20,40/0,28	✕	↑, → halten	
20,60/0,20	Y	→	
21,50/0,90	Y	↑, → halten	
22,50/1,00	✕	← Teerstr. folgen	
24,85/2,35	✕ Inra , Domaine de la Fage	← über Hof	
25,00/0,15	✕	↑ Piste	
25,23/0,23	Y	↑ →	

Staubpisten sind keine Seltenheit.

km	Ort	Richtung	Bemerkung
25,80/0,57	Y	←	
26,10/0,30	✕	↑	
26,50/0,40	✕	↑	
27,44/0,94			Hauptpiste folgen
27,83/0,39	Dreier Y	↑ Mitte	
28,02/0,19	✕	←	
28,40/0,38	Y	←	
28,70/0,30	Dreier Y	Mitte	
29,00/0,30			links Stall
29,27/0,27	✕	↑	Hauptpiste folgen
31,68/2,41	✕	→ Teerstr.	
31,97/0,29			rechts alter Hof
33,32/1,35	✕	→ Cornus D 7 folgen	
34,76/1,44	OA Cornus	↑	Ende!!

Roadbook II

Vor allem zu Beginn, kurz hinter der Bachdurchfahrt bei Kilometer 5,50 wird die Piste sehr eng, sehr steinig und steil. Nichts für Einsteiger.

km	Ort	Richtung	Bemerkung
0,00	OE Cornus D 7, von Millau kommend	↑	
0,81/ 0,81	✕	scharf ← Teerstr.	
1,64/0,83	über Brücke	↑ Teerstr. folgen	
4,81/3,17			Forellenzucht
5,35/0,54	enge Dorfdurchfahrt	↑	
5,50/0,15	Bachdurchfahrt	→	
5,54/0,04		←	Stop! hinten an am Felsen entspringt der Fluß (Quelle)
6,11/0,57	steile Kurve		
7,70/1,59	✕	← gleich wieder →	sehr eng!!
7,89/0,19	✕	← Teerstr.	
8,00/0,11	Y	→ Wiese, Spuren folgen	
8,85/0,85	Treffen auf Hof	→ umfahren	
8,90/0,05	✕	→	
8,95/0,05	✕	scharf → durch Hecke	
9,25/0,30	✕	scharf →	
9,50/0,25		↑ →	
9,73/0,23	Y	→	
10,60/0,87	Gatter	↑ öffnen und schließen erlaubt!!	
12,18/1,58	Y	←	
12,42/0,24	Gatter	öffnen und wieder schließen ↑	
14,20/1,78	✕	←	
14,25/0,05			links Stall
16,75/2,50	Treffen auf Teerstr.	← D 493	
18,39/1,64	Y	← Cornus	
22,58/4,19	Y	→	
22,91/0,33	✕	→	
24,07/1,16	✕	↑	Hauptstr. folgen
24,84/0,77	✕	→ RN 9	
25,41/0,57	durch Dorf	vor Kirche ←	
27,25/1,84			Teerstr. folgen, D 140
28,78/1,53	✕	→ RN 9	
28,98/0,20	Y	← Le Caylar	
29,36/0,38	Y	↑ La Couvertoirade	
32,83/3,47	✕	↑, ←	
33,12/0,29	Auberge La Pere Roussel		gutes Essen!! Ende!!

Gutes Essen bei Père Roussel.

Anschluß an Roadbook III ist möglich.

Roadbook III

Zum Ende dieses Roadbooks kommen einige Wiesenwege, die bei Nässe gefährlich werden können. Vorsicht ist vor allem bei den steilen Abfahrten geboten. Landschaftlich ein Hochgenuß!

km	Ort	Richtung	Bemerkung
0,00	Parkplatz La Couvertiorade	←	
0,20/0,20	✕	← Nant	
0,43/0,23	✕	→ und ↑ über Hauptstr.	Teerstr. folgen
3,85/3,42	✕	↑ über Schnellstr.	
4,28/0,43	Y	→	
4,47/0,19	✕	← Canals	Teerstr. folgen
7,60/3,13	OA Canals	↑	
8,43/0,83	Y	←	Teerstr. folgen
9,15/0,72	✕	↑	Teerstr. folgen
10,30/1,15	Y	← Albine	
10,70/0,40	✕	↑	
14,78/4,08	Y	→ Le Clapier, D 493	
18,00/3,22	✕	↑	
18,15/0,15	Y	→	
18,30/0,15	✕	← Roqueredoude, D 93	
19,16/0,86			Teerstr. folgen
19,65/0,49	Y	→ Ceilhes, D 393	
21,81/2,16			Teerstr. folgen
22,05/0,24	L'Orb, Brücke	↑	
22,34/0,29	OA Mas-Neuf	↑	
22,53/0,19	✕	→ über Gleise → Ceilhes, D 902	
22,92/0,39	Y	←	Hauptstr. folgen
25,95/3,03	✕	→ Ceilhes	
26,09/0,14	OA Ceilhes	↑	
26,87/0,78	✕	↑	
29,18/2,31	Y	←	Schild ab 5 t gesperrt
30,24/1,12	Y	↑, → Piste	
30,33/0,09	✕	↑	
31,50/1,17	Brücke	↑	
31,54/0,04	Y	←	
32,12/0,58	Y	←	
32,26/0,14	✕	↑	
32,75/0,49	Y Picknickplatz	→	
33,60/0,85	✕	↑	
35,73/2,13	Y	←	
45,75/10,02	✕	←, ↑ (nicht über Brücke) Servies/Teerstr.	
46,60/0,85	✕	↑	Teerstr. folgen
49,45/2,85	✕	↑	
51,33/1,88			Teerstr. folgen
52,25/0,92	OA Servies	↑ durch Dorf	

km	Ort	Richtung	Bemerkung
52,53/0,28	OE Servis	↑	Hauptstr. folgen
54,26/1,73	✕	→	
54,65/0,39	über trockenes Flußbett	↑	Hauptpiste folgen
55,66/1,01	✕	↑	
56,09/0,43	Y	←	
56,24/0,13	Y	←	
57,00/0,76	✕	↑	
57,60/0,60	✕	scharf ←	
59,00/1,40	✕	↑	
59,70/0,70			es geht bergab!
60,30/0,60	Y	→	
61,05/0,75	Dreier Y	Mitte	
61,88/0,83	✕ Teerstr.	←	Teerstr. folgen
63,85/1,97	✕	scharf →, Schotter	
64,80/0,95	Y	↑	
64,85/0,05	Y	←	
66,06/1,21	Y	← über Bach	
67,02/0,96	✕	↑	
67,70/0,68	Y	→	
68,00/0,30	✕	↑	
68,85/0,85		scharf ←, steil hoch bei Schild 158 , Wiesenwege	
69,33/0,48		↑	Wiesenwege! Achtung bei Nässe!!
70,88/1,55	✕ Teerstr.	←	
71,95/1,07	✕	↑	Hauptstr. folgen
72,61/0,66	✕	Lacaune	
77,04/4,43			Hauptstr. folgen Departement du Tarn
78,58/1,54	✕	↑ Lacaune	
82,05/3,47	OA Murat sur Verbe	↑	
82,72/0,67	Y	→	D 622, Lacaune
83,10/0,38	Y	→	
83,35/0,25	OE Murat		Hauptstr. folgen
83,95/0,60	✕	↑	
88,30/4,35		Lacaune	Hauptstr. folgen
91,30/3,00	OA La Trivalle		
91,90/0,60	OE La Trivalle		
96,60/4,70	✕	↑	
98,70/2,10	OA Lacaune		Ende!!

Anschluß an Roadbook IV ist möglich.

Roadbook IV

Lacaune Richtung Brassac/Castres.

km	Ort	Richtung	Bemerkung
0,00	OE Lacaune	N 622	
20,00/20,00	OA Brassac	Castres	
21,95/1,95	OE Brassac		
22,55/0,60	✕	← Cambounes, Mazamet, D 93	
38,00/7,45	✕	vor Brücke ←, Augmontel, D 110	
42,00/4,00	✕	← Mazamet, N 112	

Ab hier gibt es zwei Möglichkeiten nach Carcassonne zu gelangen. Erstens über die D 118 (größere Straße), oder, zweitens über die D 112, die kleiner ist und durch mehr Orte führt.

Die Burg von Carcassonne.

AUF EINEN BLICK

Geografie

Südfrankreich umfaßt heute, politisch gesehen, die Provence, die Cote d'Azur und das Languedoc-Roussillon. Diese drei Verwaltungsbezirke umschließen ein Gebiet von rund 60 000 Quadratkilometern. Die Bevölkerung beträgt knapp sechs Millionen Menschen. Haupteinnahmequellen sind der Tourismus, der Wein und die Landwirtschaft.

Landschaft

Das "midi", das eigentlich ein größeres Gebiet umfaßt, als die heutigen Verwaltungsprovinzen, erweist sich als vielschichtige Landschaft. Von den Stränden an den Küsten mit den mondänen Badeorten bis hin zu menschenleeren Regionen in den Cevennen oder dem eigenartigen Naturschaupiel im Sidobre, eigentlich sind sogar mehrere Urlaube zu kurz, um alles zu sehen.

Freizeit / Sport

Baden, Surfen, Segeln und Sonnenbaden an den Küstenregionen, Reiten, Bogenschießen, Segelfliegen, Wandern, Kanufahren und Klettern im Landesinnern. Es gibt eigentlich nichts, das es im Angebot nicht gibt.

Offroadfahren

Beschränkt sich in den meisten Fällen auf herrliche On-Road-Pisten. In der Gegend von Millau einige anspruchsvolle Staub- und Schotterpisten. Treffpunkt für die Szene ist das 4x4-Zentrum bei Montesqieu-Volvestre.

Reisezeit

Von Mai bis September (August besser meiden), denn dann sind die Temperaturen schön warm,

Sonnenaufgang im Sidobre.

höhergelegene Abschnitte frei befahrbar und die Farbenpracht noch intensiv.

Einreise

Es genügt ein gültiger Personalausweis, an den meisten Grenzübergängen finden keine Kontrollen mehr statt.

Anreise

Über die kostenpflichtigen französischen Autobahnen bis Beaune und dann weiter nach Lyon und Orange. Dort teilt sich die "autoroute du soleil": westlich in Richtung Pyrenäen und Spanien, östlich über Aix bis zur italienischen Grenze.

Verständigung

Ein klein wenig Französisch sollte man schon zusammenkramen, dann geht' s einfach leichter.

Unterkunft

Hotels sind aufgelistet in die Kategorien 1 - 4 Sterne. Gemütliche "Logis de France"-Häuser sind vor allem auf dem Lande zu finden. Hier werden in erster Linie regionale Spezialitäten zubereitet. Ein Verzeichnis dieser Häuser kann beim Französischen Fremdenverkehrsverband (Anschrift unter der Rubrik "Informationen") angefordert werden. Daneben haben sich noch Schloßhotels zu einigen Organisationen zusammengeschlossen, Literatur darüber und über weitere Hotelketten bekommt man ebenfalls beim Französischen Verkehrsamt.

Verpflegung

Überall findet man gutausgestattete Supermärkte, in den kleineren Ortschaften zumindest Bäkker und einen kleinen Krämerladen, bei dem man das Nötigste bekommt.

Bekleidung

Je nach Reisezeit und der Höhe der angestrebten Ziele gehören auch in Südfrankreich warme Kleidungsstücke ins Gepäck. Regenschutz ist nie verkehrt, vor allem, wenn man im Frühjahr oder Herbst unterwegs ist.

Devisen

Die Währungseinheit ist der französische Franc. Zur Zeit bekommt man für DM 29.- rund 100 Franc. Fast überall kann mit Kreditkarten bezahlt werden, so auch an den Mautstellen auf der Autobahn. Auch Hotels, Restaurants, Tankstellen und Geschäfte akzeptieren die verschiedensten Kreditkarten. An Bankautomaten kommt man mit seiner EC-Karte rund um die Uhr an Bargeld.

Benzin

Überall in allen Sorten erhältlich, etwas teurer als in Deutschland.

Kriminalität

Diebstähle kommen in den Touristenzentren an der Küste sehr häufig vor, deshalb den vollbepackten Wagen nicht unbedingt unbeaufsichtigt stehen lassen. Wenn es nicht anders geht, zumindest alle Ausweis- und Wertpapiere mitnehmen.

Telefon

Für Gespräche nach Deutschland die 19 wählen, Tonsignal abwarten, dann die 49.

Medizinische Vorsorge

Für die ärztliche Behandlung ist ein internationaler Krankenschein erforderlich, den man bei seiner Krankenkasse anfordern kann. Viele Ärzte fordern Barzahlung. Die Quittung kann zuhause bei der eigenen Versicherung zur Rückerstattung eingereicht werden. Die Gesundheitsvorsorge entspricht westeuropäischen Standards.

Elektrizität

220 Volt Wechselstrom.

Karten / Literatur

"Südfrankreich erleben und entdecken" von Monika Kleppinger, erschienen im Mairs Geografischem Verlag, Herausgeber: "abenteuer & reisen", DM 29.80. Als gute Karten haben sich erwiesen: Die Michelin-Karten 82, 83 und 86 im Maßstab 1: 200 000. Genauere Karten gibt es vor Ort aus der Serie "Institut Geographique National" (IGN).

Informationen

Französisches Fremdenverkehrsamt, Westendstrasse 47, 60325 Frankfurt, Telefon: 069/ 7560830, Telefax: 069/752187.

GOODYEAR
GZ EE 720
WALTER

GOODYEAR
PAJERO
GOODYEAR
WRANGLER AT

Marmelade, Kinder und Stechmücken

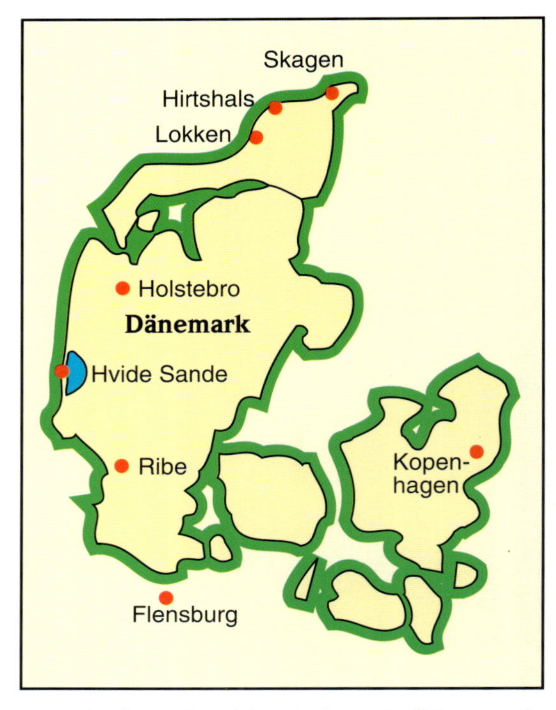

Sie heißen Sandra, Suse, Kornel, Ines, Sylvia, Judith, Sigrid, Tina, Franz-Josef...., all die neun Kinder von Verwandten, Bekannten und die eigenen, die seit 13 Jahren mit ihren Eltern auf die Insel Mön/Ulvshale gekommen sind. Aus den Sandras, Suses, Kornels ..., aus den Säuglingen, Kleinkindern und Schulanfängern des Jahres 1978 sind inzwischen junge Leute geworden. Nächsten Sommer werden nur noch wenige Sandras und Suses auf Mön/Ulvshale dabeisein, viele vergnügen sich inzwischen lieber mit Freund oder Freundin, statt im Schlepptau der Eltern auf einer Insel im Südosten Dänemarks. Und so werden die Eltern älter und einsamer.

Nicht die Kreidefelsen auf Mön (so schön weiß wie die auf Rügen) waren die Attraktionen für Kinder und Eltern, sondern dieses kleine Stückchen Landzunge namens Ulvshale, das als Blinddarm an der Insel Mön hängt.

Ulvshale ist eine Märklin-Mini-Landschaft. Auf engstem Raum drängen sich hier: Schilffelder, Moor, Heide, weißer Strand, Teiche und Urwald. Der Reiz der Kleinräumigkeit - das ist Ulvshale. Und auch das ist Ulvshale: die riesigen Brombeerhecken entlang der schmalen Straßen.

Stets waren die Brombeeren das Glück der Kinder und das Leid der Mütter. Die Kinder pflückten unverdrossen und die Mütter kochten sehr verdrossen (Brombeermarmelade). Die Produktionsmengen waren so gewaltig, daß sie in zwei Urlaubswochen nicht vertilgt werden konnten. So passierten denn am letzten Ferientag zwei deutsche PKW mit mehreren Kübeln Marmelade die dänische Grenze in Richtung Augsburg und Allgäu. Bei aller Marmelade und bei allem Reiz der ulvshaleschen Natur - das Schönste war und ist wohl seit 13 Jahren jene Hütte am Sandvejen 13, wo Kinder lärmten und Marmelade gekocht wurde. Die Hütte am Sandweg 13 ist eingebettet in einer Art Urwald; hier wachsen die Bäume, wie sie wollen; hier sterben die Bäume, wie sie wollen. In die morschen Baumleichen klopft der Buntspecht seine Höhlen.

Ein Schauspieler namens Bille vom Königlichen Schauspielhaus in Kopenhagen erbaute die Hütte zwischen den beiden Weltkriegen und vererbte sie seinem Sohn Jens. Herr Jens Bille, verkrachter Student, inzwischen an die vierzig, hatte in seiner Jugend ein Biologie-Studium begonnen. Davon zeugte schon vor Jahren ein Glaskolben mit einer in Spiritus eingelegten Schlange, die das Bücherregal über dem Eßtisch zierte. Zwei Jahre später, beim nächsten Mön-Besuch, ringelten sich schon drei Schlangen in drei Gläsern. Und anno 1989 hing eine Raubvogel-Kralle an einem Nylonfaden über dem Fernseher.

Zwischenbemerkung: Mön/Ulvshale ist eine "statische" Insel. Mit Seufzern des Glücks stellen Eltern & Kinder auch nach Jahren der Abwesenheit fest: nichts hat sich verändert. Kein Neubaugebiet, kein neues Hotel mit Golfplatz; und der sandige Fußweg blieb ungeteert (Was sagen die Kurdirektoren alpenländischer Ferienorte dazu?).

Drachenfestival am Strand von Rømø.

Für Veränderung sorgt lediglich Jens Bille, indem er das biologische Interieur seiner Hütte ausweitet. Doch sein undichtes Schilfdach ist seit vielen Jahren das alte geblieben.
Auf Sylt signalisiert ein reetgedecktes Dach den Reichtum seines Besitzers, bei Bille verrät es finanziellen Mangel. Bille hat kein Geld für ein ordentliches Ziegeldach. Ihn und uns stört das nicht.
Vor zwei Jahren drang nächtlicher Platzregen durch's brüchige Schilf, genau über der Küche. Der nasse, schwarz-gebeizte Fußboden lockte schwarze Nacktschnecken an, die durch einen Spalt in die Küche vordrangen. Am Morgen, als das turnusmäßig diensthabende Küchendienstkind den Kaffee kochte, waren sie da - und gut getarnt: fünf schwarze Nacktschnecken. Eine starb unter der nackten Fußsohle des Küchenkindes.
Trotzdem: kein schlechtes Wort bitte über Billes Hütte und Ulvshale.
Nach den Nacktschnecken die Stechmücken. Es könnte so schön sein auf der Bill'schen Holzveranda: die Lippen am kühlen Bier, das Auge auf den geröteten Abendhimmel gerichtet, das Ohr am melodischen Ruf der Wildgänse. Aber daraus wird nichts. Das Surren der Stechmücken, der Stich durch die Hose in die Wade, das daraufhin folgende Wehgeschrei der Kinder - das treibt auch den ulvshale-verliebtesten Romantiker schnellstens in die Hütte. Und von da an gehört die Veranda den Stechmücken.
Die Stechmücken sind die Plage von - und der Schutz für Ulvshale: Je mehr Stechmücken, um so weniger Touristen. Je weniger Touristen, um so schöner Ulvshale. Gott erhalte Ulvshale seine Stechmücken.

Peter Vetterlein

Schilder regeln den Verkehr am Strand.

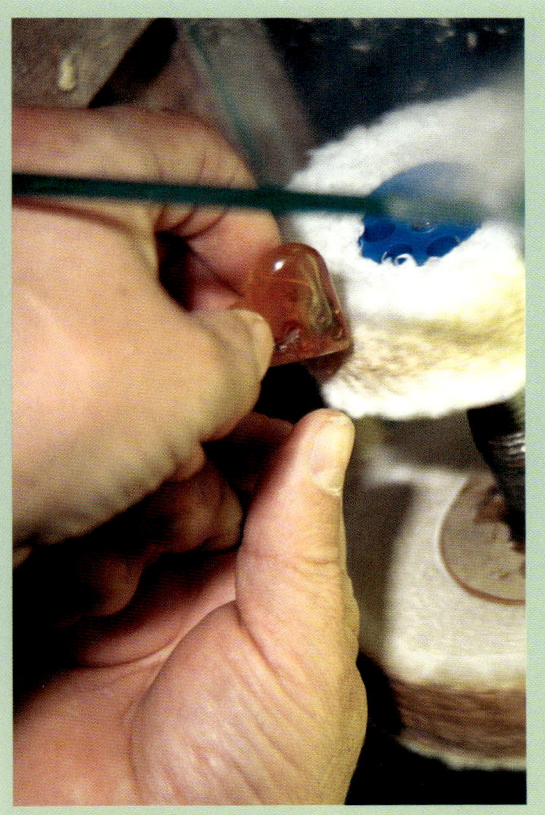

Erinnerungen an „Jurassic Park“

Bernstein ist sicherlich eines der schönsten Produkte der Natur. Die 20 bis 50 Millionen Jahre alten Schmuckstücke, die eigentlich aus Harz hervorgegangen sind, gibt es in zahllosen Farben und Formen. Seltener sind schon die Stücke, in denen Insekten aus der Vergangenheit zu sehen sind - solche Stükke haben schon die Macher des Films “Jurassic Park” inspiriert. Eine gewaltige Sammlung von herrlichem Bernstein findet man in Mygdal, nicht weit von Hirtshals entfernt. In seiner kleinen Werkstatt legt Herr Hojer täglich Hand an die wohl einzigartigen Stücke. Sein Bernsteinschmuck ist handgeformt, eine alte Tradition, die er von seinem Vater übernommen hat. Das Schleifen, Polieren oder Einlegen von Silber hebt die Farben und Formen der Natur noch hervor. Jeder ist bei Hojer gerne gesehen, ob Jung oder Alt, Klein oder Groß. Die Ausstellung von Bernstein ist sehenswert, zumal Sie in der Werkstatt auch eigene Funde bearbeiten lassen können.

Hojers Ravsliberi, Hojtvedvej 7, Mygdal, Telefon: 45/98975223.

Roadbook I

Ribe liegt im südwestlichen Teil von Dänemark.
Um Ribe herum auf der Hauptstraße von Tonder nach Esbjerg.

km	Ort	Richtung	Bemerkung
0,00	✕ Ampel	← Farup	
0,25/0,25	OE Ribe	↑	
2,15/1,90	Y	→	
2,45/0,30	✕	↑	
3,10/0,65	✕	← Hillerup	= OA Kaerbol
3,70/0,60	✕	→ Hillerup	
4,40/0,70	OE Farup Kirkeby	↑	
5,40/1,00	✕	← Hillerup	
6,10/0,70	OA Hillerup	↑	
7,00/0,90	Y	→	
7,30/0,30	OE Hillerup	Vilslev	Hauptstr. folgen
8,75/1,45	OA Jedsted	↑	
9,40/0,65	✕	← Esbjerg	Hauptstr. folgen
10,05/0,65	Y	Esbjerg	
10,30/0,25	OE Vilslev		
11,55/1,25	✕	← Esbjerg	
13,05/1,50	✕	↑	
14,45/1,40	✕	← Breumvej	Hauptstr. folgen
15,70/1,25	OA St. Darum		
16,00/0,30	✕	↑	
16,60/0,60			Hauptstr. folgen
17,15/0,55	✕	←	
17,25/0,10	✕	←	
17,30/0,05	✕	↑	
17,85/0,55	OE St. Darum		
19,40/1,55	✕	← Esbjerg bis Esbjerg!	Hauptstr. folgen Ende!!!

Roadbook II

Esbjerg Richtung Hjerting auf der Margaritenroute.

km	Ort	Richtung	Bemerkung
0,00	✕ Hotel Hjerting	↑ am Meer entlang	
1,50/1,50	OE Hjerting		
2,00/0,50	✕	← Sjaelborg	
2,10/0,10		↑	
2,70/0,60	✕	←	Hauptstr. folgen
3,10/0,40		scharf → , WC Ovre Bulbjergvej	Schotter
3,40/0,30	✕	→	
3,60/0,20	✕	← Kommunegardsvej	Hauptpiste folgen
4,70/1,10	✕	← hoch	Hauptpiste folgen
4,90/0,20	✕	↑	enge Str.

km	Ort	Richtung	Bemerkung
5,60/0,70	links Parkplatz	↑	
6,00/0,40	✕	→	großes Haus und Teich
6,30/0,30	✕	← nach Viehgitter	
6,60/0,30	✕	←	
7,00/0,40	✕	↑	
7,30/0,30	✕	↑	
7,70/0,40			Teerstr.
9,85/2.15	✕	← Billum	
11,45/1,60	✕	← Kjelst	
13,05/1,60	✕	↑	Hauptstr. folgen
16,10/3,05	✕	← Vejers Strand	
16,35/0,25	Y	→	gesperrt ab 3,5 t, Hauptstr. folgen
17,65/1,30	✕	←	
18,40/0,75	✕ Ampel	→ Graerup	Hauptstr. folgen führt durch militärisches Übungsgelände! Befahrung ist möglich zu den zugelassenen Zeiten, siehe Infotafeln am Anfang des Geländes!
23,65/5,25	✕	↑	
23,75/0,10		↑	
24,60/0,85		↑ Schotter	
24,70/0,10			links Infotafel über Zufahrt ins Schießgelände!
25,80/1,10	OA Graerup Strand	↑	zurück Richtung Graerup Ende!!

Roadbook III

Anschluß an Roadbook II

km	Ort	Richtung	Bemerkung
0,00	✕	← Borsmose Strand/Henne	
2,90/2,90	✕	← Borsmose Strand	
4,80/1,90	✕	↑	Hauptstr. folgen
6,30/1,50	Strand	↑	Schild befolgen
			am Strand Richtung Norden geht es ca. 1,5 km entlang, dann wieder zurück! NULLEN!!
0,00	genanntes Schild	zurück	
3,30/3,30	Y ✕	↑ ← Henne	
5,20/1,90	✕	↑	Hauptstr. folgen
10,15/4,95	✕	↑	
11,15/1,00	✕	→ Varde	
13,15/2,00			links Kro/Motel

km	Ort	Richtung	Bemerkung
13,85//0,70	✕	← Hovstrup	Margaritenroute
14,85/1,00	✕	↑	Hauptstr. folgen
15,85/1,00		↑	Hauptstr. folgen
17,75/1,90	✕	← Lonne	Hauptstr. folgen
21,40/3,65	✕	← Nymindegab	
25,30/3,90	OA Nymindegab	↑	Hauptstr. folgen
27,80/2,50			links militärisches Gelände Hauptstr. folgen
45,80/18,00	✕	↑	rechts Surfcenter
52,85/7,05	OA Hvide Sande	↑	Ende!!

Roadbook IV

Hvide Sande

km	Ort	Richtung	Bemerkung
0,00	OE Hvide Sande	↑ nördlich	
11,80/11,80	✕ Ampel	↑	
14,90/3,10	✕	→ Kloster	
15,35/0,45	✕	← Stadil	Hauptstr. folgen
17,65/2,30	Y	← Stadil	Hauptstr. folgen
22,55/4,90	✕	→ Stadil	
24,00/1,45	✕	← Stadil	
24,70/0,70	Stadil		
25,00/0,30	✕	→ Tim	
28,00/3,00	✕	← Madum	= OA Tim Kirkeby
31,85/3,85	Madum		
32,35/0,50	Y	→ Ulfborg	
34,10/1,75	✕	→ Ringkobing	
34,50/0,40			über Brücke
34,75/0,25		← Rejkjaervej, Schotter	
35,05/0,30		↑	
35,45/0,40		über Bahn	Hauptpiste folgen
35,85/0,40	✕	↑ Lystbaekkaer	Hauptpiste folgen
39,75/3,90	✕	←	
41,65/1,90	✕	↑ Ulfborg	
44,00/2,35	✕	→ Filso	
44,05/0,05		Schotter	
44,90/0,85	✕	↑	
48,50/3,60	✕	↑ Arbjerg	
50,30/1,80	✕	↑	
52,10/1,80	Y	↑	
52,30/0,20	✕	←	
53,90/1,60	✕	↑	
55,45/1,55	Y	→	Hauptpiste folgen
57,85/2,40	✕	← Rasted	Teerstr.
61,30/3,45	✕	↑	Schotter

km	Ort	Richtung	Bemerkung
62,45/1,15	Y	→	Hauptpiste folgen
63,80/1,35			Teerstr.
64,60/0,80		↑ Rasted Kirke	
65,60/1,00	✕	↑	
66,10/0,50		↑	
67,90/1,80	✕	→ Holstebro bis Holstebro	Hauptstr. folgen Ende!!

Auf der Hauptstr. Nr. 11 in nördlicher Richtung weiter. Von Holstebro über Struer, Sonder Ydby, Vestervig nach Agger. Dort Anschluß an Roadbook V.

Roadbook V

km	Ort	Richtung	Bemerkung
0,00	✕ Agger Havn	Agger	
0,20/0,20	OA Agger		
1,50/1,30			Strand NULLEN!!
0,00		zurück	
0,10/0,10		← Alumvej	
0,50/0,40	Dreier Y	Mitte Klitvej	
0,55/0,05			Schotter
0,60/0,05		← hoch	
2,70/2,10	✕	↑	
2,90/0,20	Y	→	
3,70/0,80	✕	↑	
5,50/1,80	✕	←	
8,60/3,10	OA Orum		
9,55/0,95	✕	↑	
11,55/2,00	✕	↑	
12,65/1,10	Svankaer		
13,95/1,30	OE Svankaer Y	→Thisted	
14,15/0,20	✕	← Hanstholm	
17,45/3,30		← Istrup	
18,10/0,65		← Istrupvej	
22,45/4,35	Stenbjerg	↑	
22,90/0,45	✕	←	
23,90/1,00	OE Stenbjerg		
24,50/0,60	✕	→	
25,95/1,45	✕	← Sdr. Vorupor	
27,35/1,40	✕	←	
27,75/0,40	✕	→ Nr. Vorupor	
29,05/1,30	OA Norre Vorupor		
29,40/0,35	✕	→	Margaritenroute
30,45/0,85	✕	← Hanstholm (181)	
44,50/14,05	✕	↑ Hanstholm	
53,40/8,90	✕	← Havn	
57,90/4,50	OA Hanstholm		Ende!!!

Wasserspaß pur. Meist verboten, an engen Strandabschnitten im Norden aber oft nötig.

Roadbook VI

Hanstholm Richtung Thisted auf der Bundesstr. Nr. 26.

km	Ort	Richtung	Bemerkung
0,00	Kreisverkehr	Vigso/Industrievangen	= OA Hanstholm Schild
0,60/0,60	✖	← Vigso	
1,00/0,40	Hamborg	↑	
1,80/0,80	OE Hamborg		
3,20/1,40	✖	← Vigso	
5,70/2,50	OA Vigso		
5,90/0,20	✖ Y	→ → Thisted	
6,25/0,35	OE Vigso		
8,05/1,80	✖	← Fjerritslev	
14,60/6,55	OA Hjardemal		
15,90/1,30	✖ Y	← Hjardemal Klit ← halten	
20,75/4,85	Y	↑	
22,60/1,85	✖	↑	links Camping, Hauptstr. folgen
27,00/4,40	✖	↑	Hauptstr. folgen
31,20/4,20	✖	→	
31,35/0,15	✖	← Fjerritslev	Hauptstr. folgen
36,00/4,65	OA Vust		
40,00/4,00	OA Vester Torup		
40,10/0,10	✖	← Thorupstrand	
41,10/1,00	OE Thorup		
43,25/2,15	OA Thorupstrand	↑ bis Strand	
0,00	Strand		Schiffe auf Sand, zurück! Nullen!!
0,80/0,80	✖	← Klimstrand	
1,25/0,45	OE Thorupstrand		Hauptstr. folgen
3,05/1,80	✖	↑	
8,85/5,80	✖	→ Fjerritslev	
10,45/1,60	✖	← Kollerup Klitvej	Schotter, Hauptpiste folgen (3 bumps)
11,35/0,90	✖	↑	
12,35/1,00	✖	←	Teer
13,65/1,30	✖	↑	
15,30/1,65	✖	↑	Hauptstr. folgen
17,30/2,00	OA Hjortdal		
17,50/0,20	✖	← Slettestrand	
17,80/0,30	OE Hjortdal		
19,85/2,05			Strand! NULLEN!! am Strand entlang in nördlicher Richtung! Bei der gesperrten Zone den Strand verlassen! (NULLEN!) links Militärgebiet, Hauptstr. folgen

km	Ort	Richtung	Bemerkung
6,90/6,90	✕	← Rodhus	
11,35/4,45	✕	← Rodhus	
12,15/0,80	✕	→ Stranden	
12,85/0,70	✕	← Stranden	Hauptstr. folgen
14,65/1,80			Strand!

am Strand entlang ca. 25 km bis kurz vor Lokken. In Lokken ist Ende des Roadbook VI.
Anschluß Roadbook VII.

Roadbook VII

Lokken-Mygdal, Richtung Lokken Nord, dann Museeum, Stranden, dort nach Norden →.

km	Ort	Richtung	Bemerkung
0,00	Strand	→	
4,70/4,70	Ausstiegsstelle ✕	← Lonstrup	Hauptstr. folgen (NULLEN!) Es ist möglich weiter zu fahren, jedoch bei Flut endet der Weg. Bei Ebbe möglich bis zur nächsten Ausstiegsstelle. (Alternative)
2,60/2,60	✕	← Lonstrup	Hauptstr. folgen
4,35/1,75	✕	← Rubjerg Knude	Nullen! Abstecher zum Leuchtturm/ Museum möglich!
1,25/1,25	✕	←	
2,90/1,65	OA Lonstrup		
3,80/0,90	✕	→	
4,30/0,50	✕	↑ Skallerup Kirke	
5,10/0,80	OE Lonstrup		
7,05/1,95	✕	← Skallerup Klit	
7,10/0,05	✕	→ Norlev Strand	
9,10/2,00	✕	→ Sonderlev	
10,70/1,60	OA Sonderlev		
10,90/0,20	✕	← Hjorring	
11,50/0,60	OE Sonderlev		
15,55/4,05	✕	← Hirtshals	
21,00/5,45	OA Tornby		
21,20/0,20	✕	→ Snevre	
24,55/3,35	✕	→ Bjergby	
25,45/0,90	✕	→ Bjergby	
26,60/1,15	OA Bjergby		
27,00/0,40	✕	← Tversted	
32,60/5,60	OA Mygdal		in der Ortsmitte ist eine Bernsteinschleiferei namens Hojers RAV! Ende!!!

Bernstein in allen Facetten.

Goodyear-Reifenservice auch in Dänemark.

Roadbook VIII

Hirtshals-Skagen

km	Ort	Richtung	Bemerkung
0,00	Nordseemuseum Hirtshals	←	
0,15/0,15	✕	←	E 39
0,40/0,25		← Golfklub	ab 1,6 t gesperrt, Hauptstr. folgen
3,70/3,30	✕	← Kjul Strand	
4,70/1,00	Strand	→	
9,15/4,45	Ausfahrtstelle		
12,05/2,90	Fluß	zurück bis Ausfahrtstelle	
15,00/2,95	Ausfahrtstelle	vom Strand runter	
16,00/1,00		↑	Hauptstr. folgen
17,20/1,20	✕	← Skagen	
24,20/7,00	OA Tversted	↑ Skagen	NULLEN!!
4,20/4,20		→ zurück bis "NULLEN!"	schöne Keramik
0,00	✕	→ Stranden	
1,00/1,00	OA Tanvisby		
1,90/0,90	Strand	→ nordwärts	
8,15/6,25	Ausstiegsstelle Skiveren	↑	
16,00/7,85	Ausstiegsstelle Kandestederne		Achtung! Ab jetzt wird es am Strand sehr einsam und der Sand wird tiefer! Alternative: Ausstieg und auf dem Landweg nach Skagen!
27,55/11,55	Ende Strandweg = Ort Hojen	weiter bis Skagen auf dem Landweg	Ende!!!

AUF EINEN BLICK

Geografie

Dänemark ist rund 43 000 Quadratkilometer groß. Dazu kommen noch die Faröer-Inseln mit 1399 Quadratkilometern und die größte Insel der Welt, Grönland, mit 341 700 Quadratkilometern. Neben Jütland besteht Dänemark mit seinen rund fünf Millionen Einwohnern aus fast 500 Inseln, von denen rund 90 bewohnt sind.

Landschaft

Reizvolle Heide- und Fjordlandschaften wechseln sich mit Seen und Wäldern, einsamen Küstenregionen und weißen Klippen.

Freizeit / Sport

Radfahren ist die Lieblingsbeschäftigung Nummer eins. Sonst Segeln, Surfen und Fischen.

Offroadfahren

Abseits der Hauptverbindungswege findet sich eine Vielzahl von kleinen und kleinsten Sträßchen, meist geteert, aber nichtsdestotrotz idyllisch. Schotterpisten sind nur noch in Ausnahmefällen anzutreffen. Eine Besonderheit sind die langen, erlaubten Strandpassagen und die Truppenübungsplätze, die oft freigegeben sind (Hinweisschilder mit Sperrzeiten beachten!).

Reisezeit

Hochsommer besser meiden, da das Land sonst von Touristen überlaufen ist. September und Oktober sind gute Reisemonate, wenn auch die Temperaturen dann schon etwas zurückgehen.

Einreise

Gültiger Personalausweis oder Reisepaß.

Anreise

Auf dem Landweg ist Dänemark nur über Jütland zu erreichen. Die wichtigste Grenzstation ist der Übergang auf der Autobahn A7 bei Flensburg.

Verständigung

Pochen Sie nicht auf Deutsch, obwohl viele Dänen unsere Sprache sprechen. Englisch ist ebenfalls weit verbreitet.

Unterkunft

Am beliebtesten sind die Ferienhäuser, die allerdings meist für eine Woche gebucht werden müssen. Hotels finden sich überall, die Zimmer sind im Schnitt aber auch in den einfacheren Häusern sehr teuer (Doppelzimmer ab DM 160.-). Das Zelten ist eine gute und preiswerte Alternative, wenn das Wetter mitspielt. Die meisten Anlagen sind sehr gepflegt.

Verpflegung

Restaurants um einiges teurer als in Deutschland. Für Selbstversorger gibt es Supermärkte in ausreichender Zahl.

Bekleidung

Am besten für alles gerüstet sein. An der Küste kann der Wind ordentlich pfeifen. Aber auch Regenschutz und Badehose (für Abgehärtete) gehören unbedingt ins Gepäck.

Devisen

Für 100 DM bekommen Sie rund 370 dänische Kronen.

Benzin

Unwesentlich teurer als in Deutschland, Tankstellen sind in ausreichendem Maße vorhanden.

Telefon

Von Dänemark nach Deutschland lautet die Vorwahl 00949, nach Österreich 00943 und in die Schweiz 00941.

Medizinische Vorsorge

Die Vertragsärzte der staatlichen dänischen Krankenversicherung behandeln kostenlos, wenn Sie einen Auslandskrankenschein Ihrer Kasse vorweisen können.

Karten / Literatur

Für eine erste Übersicht genügt der Marco Polo Führer "Dänemark" für DM 9.80.- Weiterführende Literatur gibt es in den Buchhandlungen in großer Zahl.

Informationen

Dänisches Fremdenverkehrsamt, Glockengießerwall 2, 20095 Hamburg, Telefon: 040/327803.

Test- und Fahrberichte aus OFF ROAD

Test- & Fahrberichte '90/'91/'92/'93/'94

Fahrzeug	Heft
AM General Hummer	3/92
Amphi Ranger 4,0i	9/93
Aro 10.4	8/93
Asia Motors Rocsta 102 Diesel	2/94
Bertone Freeclimber Cabrio 2.7i	9/91
Biagini Passo	9/92
Chevrolet Blazer S-10 4,3 4türig	3/91
Chevrolet Pickup K 2500, 6,5 TD	12/92
Chevrolet Blazer K 1500 5,7	3/92
Chevrolet Pickup K 2500 Extended Cab Diesel 6,2	3/90
Chevrolet Suburban K 1500 5,7	5/93
Chevrolet K 1500 6,5 TD Extended Cab Sportside	6/94
Daihatsu Feroza EL-II (Dauertest)	2/91
Daihatsu Rocky Station TD	9/93
Dodge Ramcharger LE 5,2 Magnum	9/92
Dodge Ram 1500 4 × 4 Laramie SLT 5,2	2/94
Fiat Ducato 4 × 4 Bimobil FP 341	11/92
Ford Bronco 5,0 XLT	10/90
Ford Explorer	3/93
Ford Maverick 2,4i GLX	6/93
Ford Maverick 2,4i lang	5/94
Isuzu Trooper 2,8 TD Intercooler (Dauertest)	5/91
Jeep Grand Cherokee 4,0 Ltd.	10/93
Jeep Grand Cherokee 5,2 Ltd.	5/93
Jeep Grand Cherokee 5,2 Kompressor Russler	7/94
Jeep Cherokee 2,5 Jamboree	7/93
Jeep Cherokee 4,0 Ltd.	5/91
Jeep Wrangler 2,5	6/93
Jeep Wrangler 4,0 Softtop	9/91
Jeep Wrangler 4,0 Hardtop	12/90
Jeep Wrangler 4,0 (Dauertest)	1/93
Lada Niva Taiga G-Kat	7/92
Lamborghini LM 002	2/93
Land Rover Defender 90 TDi Plane	10/92
Land Rover Defender 110 TDi Station	4/91
Land Rover Discovery V8i	1/91
Land Rover Discovery TDi S	3/90
Land Rover Discovery TDi	6/94
Mahindra CJ 340 Classic	2/92
Mahindra CJ 540 Classic	12/93
Mazda B 2600i 4 × 4 SE-5	4/92
Mazda B 4000 4WD	8/94
Mercedes-Benz 300 GD Station lang	7/90
Mercedes-Benz 230 GE Cabrio	9/91
Mercedes-Benz 300 GE 3,6 Brabus & 250 GD offen	10/92
Mercedes-Benz 300 GE Väth 3,5	5/92
Mercedes-Benz 350 GD Turbo Station lang	6/92
Mercedes-Benz Unimog U 1550 L Hartmann	8/92
Mercedes-Benz 310 D Turbo Allrad Iglhaut	4/93
Mercedes-Benz 500 GE 5,6 Brabus	5/93
Mercedes-Benz 500 GE V8	4/93
Mercedes-Benz 290 GD Bimobil	6/93
Mercedes-Benz 350 GD Turbo Station kurz	2/93
Mercedes-Benz 814 DA Clou 579 E	8/93
Mercedes-Benz 300 GE	1/94
Mercedes-Benz 290 GD Kastenwagen	3/94
Mercedes-Benz Funmog U 90	4/94
Mercedes-Benz G 5,6 Väth	7/94
Mercedes-Benz G 320 Cabrio	8/94
Mitsubishi Pajero 2500 TD GLS 2türig	7/91
Mitsubishi Pajero 2500 TD GLS 4türig	8/93
Mitsubishi Pajero 2500 TD GL	11/92
Mitsubishi Pajero 2800 TD GLS lang	7/94
Mitsubishi Pajero 3000 V6 GLS Automatik, 4türig	10/91
Mitsubishi Pajero 3000 V6 GLS	5/94
Mitsubishi Pajero 3500 V6 GLS lang Automatik	4/94
Mitsubishi L200 Magnum	11/93
Monteverdi Safari	8/93
Nissan Patrol 2,8 TD Station	2/91
Nissan Patrol GR Station	4/93
Nissan Terrano 2,7 TD	6/91
Nissan Terrano 2,7 TD (Dauertest)	5/92
Nissan Terrano II SGX 2,7 TD kurz	11/93
Nissan Terrano II TD Intercooler Michaelis	7/94
Nissan Pickup Doppelkabine 2,5 D	2/93
Nissan KingCab 2,5 D Tischer Trail 260	3/93
Nissan Terrano 3,0 V6	11/90
Opel Frontera Sport 2,0i	11/91
Opel Frontera 2,3 TD (Dauertest)	11/93
Opel Frontera Sport 2,0 i Softtop	5/94
Opel Monterey LTD 3,1 TD	8/92
Opel Monterey RS 3,2i	7/93
Opel Monterey RS 3,1 TD	9/93
Opel Frontera Mantzel M 2,7 E	2/93
Opel Frontera Sport Delta Ghost	7/93
Peugeot J 5 Dangel	5/92
Range Rover 4,2 LSEi	2/93
Suzuki SJ Samurai de Luxe Cabrio	10/93
Suzuki Vitara G + B	11/92
Suzuki Vitara Long	2/94
Toyota HiLux 2,4i	3/92
Toyota LandCruiser LJ 70	12/92
Toyota LandCruiser HDJ 80 Station Special	7/93
Toyota LandCruiser KJ 70	9/93
Toyota LandCruiser BJ 75 (Dauertest)	10/93
Toyota LandCruiser HZJ 75 Langer & Bock	11/93
Toyota LandCruiser Station HZJ 80	8/92
Toyota 4Runner V6 Special	1/92
Toyota 4Runner 2,4 TD	6/91
Toyota 4Runner 3,9 TD	3/94
Toyota LandCruiser HZJ 75	7/94
Toyota RAV4	8/94
Toyota KJ 73 Special	1/94
VW Typ II TD syncro Special Mobils	2/91
VW Caravelle GL 2,5 syncro	3/93
VW Muiltivan syncro 2,4 D	7/93

Geländetests '90/'91/'92'/'93/'94

Fahrzeug	Heft
Daihatsu Rocky 2,8 TD Wagon	6/90
Daihatsu Feroza EL-II	5/93
Isuzu Trooper 2,8 TD intercooler	2/91
Jeep Wrangler 2,5	9/90
Jeep Wrangler 4,0	3/94
Lada Niva Taiga	1/91
Land Rover Discovery TDi	9/91
Mercedes-Benz 250 GD Station kurz	3/91
Mitsubishi Pajero 2,5 TDi Wagon	8/90
Mitsubishi L 300 Bus 2,5 TD	7/92
Nissan Patrol 2,8 TD Hardtop	7/91
Nissan Patrol GR kurz	5/90
Suzuki SJ Samurai Cabrio de Luxe	11/90
Toyota LandCruiser LJ 70	4/90
VW Caravelle syncro 16″ 1,6 TD	4/92

Bezugsadresse: **AC Vertriebs GmbH, Alte Landstr. 21, 85521 Ottobrunn, Tel. (089) 60821233**

Einzelheftpreis bis 12/93 DM 6,80 - ab 1/94 DM 7,50 jeweils zuzüglich DM 3,- Versandkosten = Endpreis DM 9,80/10,50

SGS